Petra Milde
Fotografie: Arina Meschanova & Vjacheslav Shislov

SCONES Scones SCONES

Die 50 besten Rezepte
für die perfekte Tea Time

CHRISTIAN

INHALT

VORWORT

Scones – sie sind so etwas wie die Krone der britischen Backkunst. Keine Tea-Time-Einladung und keine Bäckereiauslage, bei der Scones nicht zum festen Repertoire gehören.

Aber gleich ein ganzes Buch voller Scones-Rezepte? Wenn Sie (wie wohl die meisten von uns) bisher nur die »heilige Dreifaltigkeit der Scones-Bäckerei« kennen (Plain Scones, Fruit Scones und Cheese Scones), dann mag Ihnen das schier unglaublich erscheinen. Aber ein Blick in die Heimat der Scones, in Tearooms und in britische Kochbücher zeigt, um welch abwechslungsreiches Gebäck es sich dabei handelt. So war ich sehr glücklich, als der Christian Verlag meinem Vorschlag zustimmte, doch einmal ein Backbuch nur über Scones zu schreiben.

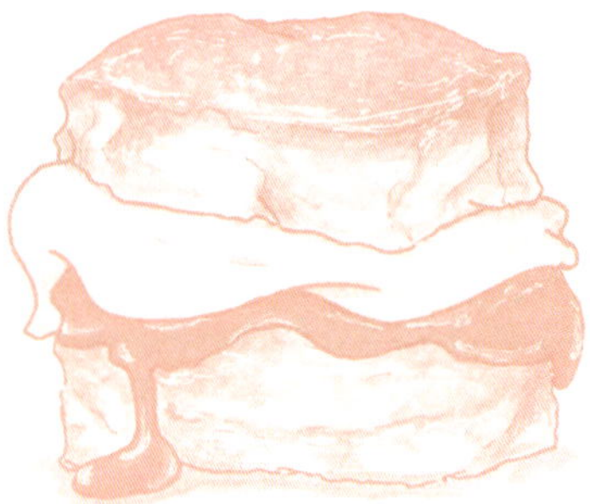

Selbst in Großbritannien kann man Rezeptbücher ausschließlich zu Scones an einer Hand abzählen. Auch wenn die englischsprachigen Rezepte kein Problem darstellen, ist doch das Umrechnen der Maßeinheiten eine ziemliche Herausforderung. Wie viel Gramm waren doch gleich ein Cup? Ist ein *pound* ein Pfund? Und ist eine *ounce* nun eine Gewichts- oder Volumenangabe? Der ständige Blick in Umrechnungstabellen kann lästig sein und da geht es Ihnen vielleicht wie mir: Sie blättern (oder scrollen) weiter auf der Suche nach einem Rezept mit Gramm- und Milliliterangaben.

Hier aber nun die perfekte Lösung für Sie: ein Backbuch mit original englischen und schottischen Scones-Rezepten, die ich hier und da gesammelt, getestet und an hiesige Maßeinheiten angepasst habe, mit Rezepten für süße und für herzhafte Scones, für Scones aus der Pfanne oder aus dem Backofen, für Scones als Hauptdarsteller oder als Beilage. Wenn Sie das Buch durchblättern, dann werden Ihnen die fantastischen Bilder von Arina Meschanova und Vjacheslav Shislov sicher das Wasser im Mund zusammenlaufen lassen. Sie hat bereits meine Rezepte in den Kochbüchern »Genießen wie bei den Bridgertons« und »Zauberhafte Weihnachten wie bei Harry Potter« fotografisch ganz wunderbar in Szene gesetzt und ich habe mich sehr über die erneute Zusammenarbeit mit ihr gefreut.

Um die Scones-Rezepte nachzubacken, können Sie ohne große Einkaufstour sofort loslegen: Die meisten Rezepte sind ganz unkompliziert und schnell umgesetzt, und viele basieren auf wenigen Zutaten, die eigentlich in jeder Küche vorhanden sind.

Ich liebe es, dieses bodenständige und irgendwie ehrliche Gebäck, das ohne großen Schnickschnack auskommt (auch wenn wir ihm in einigen Varianten doch etwas davon spendiert haben). Das Backen von Scones hält die Sehnsucht nach Schottland in mir wach, und wenn Sie dieses Land bisher noch nicht kennen, weckt dieses Buch die Sehnsucht vielleicht auch in Ihnen.

DIE GESCHICHTE DER SCONES

Wer sich neugierig auf die Suche nach dem Ursprung der Scones macht, landet unweigerlich beim römischen Dichter Vergil und seinem Epos *Aeneis*. Es erzählt vom trojanischen Prinzen und seiner Wanderung nach Italien. »Und der hat Scones gegessen?«, fragen Sie jetzt vermutlich etwas ungläubig. Zu Recht, denn natürlich spricht Vergil nicht von »Scones«. Doch als der schottische Dichter Gavin Douglas das Werk 1513 ins Englische übersetzt, verwendet er bei der Schilderung eines Mahles das Wort *skonnys* für das dargereichte Brotgebäck.

Es ist dies die erste gesicherte Fundstelle für den Begriff »Scones«, auf die das *Oxford English Dictionary* und auch das *Dictionary of the Scots Language* verweisen. Laut dieser Wörterbücher ist das historische *scone* ein »large round cake of wheat or barley flour baked on an iron plate«. Der Begriff gehe vermutlich zurück auf das alte holländische Wort *schoonbrot*, was so viel bedeutet wie »schönes Brot«.

Im berühmten *Book of Household Management* von Isabelle Beeton, das 1861 herauskam und für viele so etwas wie die Bibel der englischen Küche des 19. Jahrhunderts ist, findet sich kein Rezept für Scones. Was auf den ersten Blick erstaunlich scheint, wird bald verständlich: Isabelle Beeton entstammte der viktorianischen Gesellschaft – der »englischen« Gesellschaft. Im *Edinburgh Book of Plain Cookery Recipes* von 1879, das 1932 neu aufgelegt wurde, werden Soda Scones dann sehr wohl aufgeführt. Dies unterstützt die verbreitete Annahme, dass Scones heute zwar auch in England, Wales und Irland beheimatet sind, ihren Ursprung aber in Schottland haben.

Beim ursprünglichen Scone handelt es sich also um flache Brote, die auf gusseisernen Platten oder Bratpfannen über dem Feuer ausgebacken wurden. Dem kommt nahe, was die Briten noch heute als Girdle Scone backen. Bis zur Erfindung von Backpulver Mitte des 19. Jahrhunderts war man hier auf natürliche Gärung durch Versäuerung angewiesen, um statt harter Getreidefladen fluffiges Brot zu erhalten. Neben dem natürlichen Säuern des Teiges war die Zugabe von Buttermilch dazu ein gängiges Hilfsmittel, auch Soda kam zum Einsatz.

Heute haben wir es leicht und können unsere Scones im Backofen zu luftiger Höhe aufsteigen lassen. Und wie Sie sicher bemerkt haben, ist bisher immer die Rede von Brot und nicht von Kuchen. Auch heutige Scones sind eher Brötchen, gleich, ob sie süß sind oder eher herzhaft.

ALLERLEI BUNTES RUND UM SCONES

Afternoon tea – die kleine Mahlzeit zwischendurch

Scones sind besonders beliebt zur *tea time*. Neben Sandwiches und allerlei Kuchenangebot bereichern sie das breite Angebot von Tearooms und Restaurants für diese bekannte englische Zwischenmahlzeit. Überlieferungen zufolge entstand diese Sitte des *afternoon teas* um 1840 herum. Anna Russell, siebte Herzogin von Bedford, war die lange Pause vom leichten Mittagslunch bis zum abendlichen Dinner leid. Das wurde nämlich immer erst sehr spät am Abend eingenommen. Sie ließ sich von ihren Zofen kurzerhand zwischendurch kleine Häppchen wie die berühmten englischen Gurkensandwiches servieren. Diese Praxis wurde von ihren Freundinnen begeistert übernommen und bald pflegte die gesamte feine Gesellschaft den *afternoon tea*.

Die einen sagen so, die anderen so

Sagen Sie *skoun* so wie im englischen *blown* und *cone* oder doch eher *skonn* wie in *gone*? In Großbritannien kann man beides hören und wie es sich unschwer vermuten lässt, ist es abhängig von geografischen Regionen. In Schottland, Nordirland und dem Norden Englands klingt es zumeist wie *skonn*, in den Midlands und um London herum eher wie *skoun*. Und im Rest des Landes hört man eine bunte Mischung. Zu diesem Ergebnis kam die Universität von Cambridge, die 2016 die kostenlose English-Dialects-App herausbrachte und Briten dazu aufforderte, anzugeben, wie sie bestimmte Wörter aussprechen und welche umgangssprachlichen Ausdrücke sie einsetzen. In der *Great Scone Map of the UK* ist die Verteilung anschaulich dargestellt. In einer aktualisierten Version bietet die App ein Quiz an, an dessen Ende Teilnehmenden offenbart wird, wo sie wahrscheinlich herkommen. Sage mir Scone und ich sage dir, wo du bist.

Kommen die Scones aus Scone?

In Perth and Kinross liegt das kleine Örtchen Scone. Allerdings wird dessen Name Skuun ausgesprochen. Hier in der Scone Abbey befand sich einst der Krönungsstein der schottischen Könige, der *stone of destiny*, auch Stone of Scone genannt. Sicher werden in Scone auch Scones serviert, aber ein historischer Zusammenhang zwischen dem Ort und der Benennung des Gebäcks lässt sich nicht herstellen, auch wenn man immer wieder davon liest. Wenn Sie vielleicht beim Backen einmal Scones of Stone fabrizieren, dann muss das wohl an etwas anderem liegen …

Der Streit um *jam* und *cream*

Es ist eine Frage, die das britische Königreich spaltet wie kaum eine andere: *jam or cream first?* Kommt zuerst Konfitüre auf die Scones und dann die *clotted cream* oder umgekehrt? In Werbebildern, in Koch- und Backblogs und in britischen Backbüchern ist es mal so und mal so zu sehen. Ich habe mir nie große Gedanken darüber gemacht, sondern gehe es immer rein praktisch an, je nach der Streichfähigkeit der Komponenten.

Als ich in *Luss* im Tea Room saß und meinen Scone serviert bekam, fotografierte ich ihn zunächst eifrig. Die Leute am Nachbartisch bemerkten, wie intensiv ich mich mit dem einfachen Gebäck beschäftigte und wir kamen ins Gespräch. Eine der Damen stellte mir die Frage, wie ich es denn mit der Reihenfolge von Konfitüre und *cream* halte und eh ich mich versah, entbrannte an ihrem Tisch eine rege Diskussion darüber.

Unglaublich, dass man das als so wichtig erachten kann, meinen Sie? Vor zwei Jahren bildete die Supermarktkette Sainsbury auf einem Werbebild in einer Filiale in Truro, dem Verwaltungssitz der Grafschaft Cornwall, einen Scone ab, auf dem die *cream* sich unter der Konfitüre befand. In Cornwall entbrannte ein medialer Shitstorm. In dieser Gegend ist dies ein absolutes No-Go und man befindet sich darüber im Streit mit dem benachbarten Devon, wo man es anders herum hält. Sainsbury entschuldigte sich bei den Bewohnern von Cornwall in einer öffentlichen Erklärung dafür, in dieses *Cream*-Fettnäpfchen getreten zu sein.

Wer auf eine königliche Meinung wert legt, dem sei verraten, wie es Queen Elibabeth II mit dieser Frage hielt: Laut einem Twitterpost von Darren McGrady im Zuge des Sainsbury-Scone-Disputs hielt sie es mit der Tradition in Cornwall und strich zuerst die Konfitüre auf ihren Scone. McGrady war von 1982 bis 1993 als Koch für die königliche Familie tätig, sollte also als königlicher Scone-Experte dienen können.

KLEINES EINMALEINS DER SCONES-BÄCKEREI

Es gibt viele unterschiedliche Scones-Rezepte, den meisten aber liegen die gleichen Herangehensweisen und Grundtechniken zugrunde. Ein paar Tipps und To-dos erleichtern den Einstieg ins Backen und zeigen mögliche Herausforderungen auf.

Grundzutaten

Mehl und Backpulver

In britischen Scones-Rezepten ist oft von *self raising flour* die Rede. In diesem Weizenmehl fürs Backen sind Backtriebmittel und Salz bereits enthalten. Der Mahlgrad entspricht etwa unseren Weizenmehlen der Typen 550 oder 405. Da in den meisten hiesigen Küchen Mehl der Type 405 standardmäßig im Regal steht, basieren die Rezepte in diesem Buch auf dieser Mehlsorte. Mehl der Type 550 funktioniert aber genauso gut, auch wenn dann eventuell etwas mehr Flüssigkeit zugegeben werden muss, um die gewünschte Konsistenz des Teiges zu erzielen.

Backpulver muss bei der Verwendung des hiesigen Mehls immer separat zugegeben werden. Da britische Scones-Rezepte meist *self raising flour* und zusätzlich Backpulver vorsehen, verwende ich es großzügig. Ob Sie zu normalem Backpulver oder Weinsteinbackpulver greifen, ist Ihnen überlassen. *Self raising flour* enthält oft eine Mischung aus beidem.

Die »gute Butter«

Wenn die Butter kühlschrankkalt in das Mehl eingearbeitet wird, erhalten wir ideale Teigkrümel. Bei der Verwendung von warmer Butter wird Scones-Teig zu klebrig. Ich schreibe in den Rezepten daher ausdrücklich »kalte Butter«. Ich empfehle es nicht, Butter durch Margarine zu ersetzen. Das Backverhalten und nicht zuletzt der Geschmack würden sich verändern. Sollen vegane Alternativen verwendet werden, ist Ihre Erfahrung und Kreativität gefragt.

Milch oder Joghurt?

In den meisten Rezepte in diesem Buch ist Milch als Zutat vorgesehen. Ich verwende Vollmilch. Es ist die klassische Art der Flüssigkeitszufuhr, doch Sie können auch zu alternativen Milchprodukten wie laktosefreier Milch oder Hafermilch greifen. Viele Scones-Bäckerinnen und -Bäcker schwören auf die Verwendung von Joghurt und ersetzen damit einen Teil der Milch.

Ei oder nicht Ei?

In einigen wenigen der folgenden Rezepte werden Eier zum Teig zugegeben; gehen Sie dann von Eiern der Größe M aus. Für die meisten Scones verwende ich aber keine Eier. Ich will nicht bestreiten, dass Eier die Scones fluffiger und luftiger machen, aber ich persönlich finde, dass dadurch der klassische Scones-Charakter des Gebäcks etwas verloren geht. Es sollen ja schließlich keine Muffins werden …

Zucker

Den finden Sie in meinen Grundrezepten kaum. Scones mit Früchten oder Rosinen bekommen durch diese Zutaten sowieso eine gewisse Süße und Plain Scones werden zumeist mit süßer Konfitüre gegessen. Ich lasse Zucker deshalb oft ganz weg oder verwende ihn teelöffelweise.

Herstellung

Ein Scones-Teig ist in der Regel ruckzuck gemacht. Zugegeben, es gibt einige etwas aufwendigere Rezepte im Buch, aber die meisten kommen mit wenigen Arbeitsschritten aus.

Finger, Messer, Maschine?

Zum Kneten des Teiges verwende ich keine Küchenmaschine, sondern schlicht meine Finger und oft auch zusätzlich Tafelmesser. Dann verarbeite ich den Teig einfach weiter in der Schüssel und verknete ihn nicht auf der Arbeitsfläche wie auf unseren Step-by-Step-Bildern. Ein Tafelmesser? Ja, tatsächlich. Sie können es oft in alten Rezepten lesen: Mit einem Tafelmesser lässt sich die zugegebene Flüssigkeit wunderbar unter die Mehl-Butter-Mischung arbeiten, ohne klebrige Finger zu bekommen. Wenn Sie lieber einen Kochlöffel zum Vermengen verwenden oder Ihre Küchenmaschine für Sie arbeiten lassen wollen, steht Ihnen das natürlich frei, vor allem bei größeren Teigmengen. Ich selbst aber backe meist nur ein einfaches oder sogar nur ein halbes Rezept. Der Hauptgrund, warum Sie vor allem bei Ihren ersten Scones-Erfahrungen besser erst einmal mit den Händen arbeiten sollten, ist die oberste Grundregel beim Backen von Scones: **Don't over-knead!** Scones-Teig darf auf keinen Fall zu viel geknetet werden. Wir sind es gewöhnt, dass unsere Kuchen- und Brotteige ausgiebig glattgerührt oder durchgeknetet werden, doch in der klassischen Scones-Bäckerei geht es nicht um einen homogenen Teig. Hauptsache, alles ist vermengt und der Teig hält halbwegs zusammen, dann sollte man mit dem Kneten aufhören.

Flach drücken genügt

Um den Teig zum Ausstechen der Scones vorzubereiten, können Sie auf ein Nudelholz zurückgreifen, es genügt aber völlig, den Teig mit den flachen Händen in Form zu drücken. Der Charme von Scones besteht gerade darin, dass sie nicht perfekt gleichmäßig sind, sondern dass man ihnen das *hand made* ansieht. Wenn Sie doch ein Nudelholz verwenden, dann bitte nur mit wenig Druck arbeiten. Um schöne, hohe Scones zu bekommen, sollte der Teig mindestens 2–3 cm hoch bleiben.

Ein glatter Schnitt

Verbreitet sind vor allem runde Scones, für die Sie am besten einen Ausstecher verwenden. Auch ein Glas kann zum Ausstechen verwendet werden, ich habe aber die Erfahrung gemacht, dass die Scones nicht so schön und gleichmäßig aufgehen, wenn man die Ränder zu sehr zusammenquetscht. Eine glatte Kante ist wichtig, deshalb den Ausstecher in einem Zug herunterdrücken und beim Ausstechen nicht hin- und herdrehen.

Wer keinen passenden Ausstecher hat oder etwas Abwechslung mag, kann den Scones-Teig auch kreisförmig flach drücken und mit einem scharfen Messer tortenförmig sechsteln oder achteln.

Manche mögen's heiß

So wie Scones. Schieben Sie das Blech in den gut vorgeheizten Ofen und wählen Sie eine Temperatur um die 200 °C. Manche Scones-Bäckerinnen und -Bäcker arbeiten sogar mit 220–240 °C. Zum Anbacken mag das durchaus sinnvoll sein, nach 5–10 Minuten würde ich die Temperatur dann aber herunterstellen. Behalten Sie die Scones beim Backen im Blick, sie sollten nicht zu trocken gebacken werden.

Anrichten und Genuss

Frisch genießen

Scones sollten nach dem Backen kurz auf einem Kuchengitter auskühlen, um keine »feuchten Füße« zu bekommen. Dann aber gilt: Je frischer sie auf den Tisch kommen, desto besser schmecken sie. Am nächsten Tag sind Scones meist schwer und trocken. Kurzes Aufbacken im Ofen oder ein paar Sekunden in der Mikrowelle helfen dann, damit sie wieder frischer werden.

Präsentiert und serviert werden Scones in Großbritannien zumeist so, wie sie sind, quasi wie ein Brötchen. Aufgeschnitten und bestrichen wird dann am Tisch. Es gibt auch Ausnahmen und im Buch finden Sie einige abwechslungsreiche Serviervorschläge. »Aufgeschnitten« im eigentlichen Sinne muss ein perfekt gebackener Scone aber nicht werden, den kann man nämlich vorsichtig und ganz leicht mit den Händen in zwei Hälften teilen.

Clotted cream oder was?

Wenn es nach Traditionalisten und Hardlinern in Sachen Scones geht, lassen sie sich nur auf eine Art servieren: mit *clotted cream* und *jam*, also Konfitüre. Nicht zu verwechseln mit der britischen Marmelade aus Bitterorangen. Die mag ich persönlich auch sehr gerne zu meinen Scones, aber in England und Schottland greift man meist zu Erdbeerkonfitüre oder zu Konfitüre aus Johannisbeeren, Kirschen oder Himbeeren.

Clotted cream ist keine Schlagsahne, sondern dicker Rahm aus nicht pasteurisierter Kuhmilch. In Deutschland gibt es britische Lebensmittelläden, die *clotted cream* führen. Es ist möglich, *clotted cream* durch stundenlanges Erwärmen von Schlagsahne selbst herzustellen, aber mir persönlich ist der Aufwand an Zeit und Energie zu hoch. Zudem beträgt der Fettgehalt hiesiger Schlagsahne meist höchstens 32 Prozent, und handelsübliche Schlagsahne ist mit Stabilisatoren versetzt, die das natürliche Aufrahmen verhindern.

Wer keine Bezugsquelle für *clotted cream* in der Nähe hat, kann alternativ zu Mascarpone greifen, eventuell mit etwas Sahne glattgerührt. Wenn nur eine kleine Menge benötigt wird, könnte man auch Sahne in Bio-Qualität ein paar Tage im Kühlschrank stehen lassen und dann den Rahm verwenden, der sich oben absetzt.

Der Trend geht mittlerweile auch im Vereinigten Königreich stark zur Butter, die in Cafés und Tearooms anstelle von *clotted cream* serviert wird.

SCONES BACKEN STEP BY STEP

Die Zutaten abwiegen und bereitstellen.

Die kalte Butter in eine Schüssel raspeln.

Salz, gesiebtes Mehl und Backpulver zugeben.

Alles mit den Fingerspitzen krümelig reiben.

Flüssige Zutaten ergänzen und untermengen.

Alles kurz mit den Händen durchkneten.

Den Teig nicht zu glatt kneten.

Am besten nur mit der Hand flachdrücken.

2–3 cm hoch sollte der Teig bleiben.

Mit einem Ausstecher glatt ausstechen.

Mit etwas Abstand auf das Backblech setzen.

Mit Milch bepinseln. Ab in den heißen Ofen.

Goldbraun backen und aus dem Ofen holen.

Auf einem Küchengitter leicht abkühlen lassen.

SIE MÖCHTEN VEGANE SCONES BACKEN?

Scones sind so vielfältig und wandelbar, dass Variieren absolut unkompliziert ist.

Die meisten Scones-Rezepte lassen sich nur durch den Austausch von Butter und Milch bzw. Sahne gegen entsprechende vegane Alternativprodukte ganz leicht abwandeln. Wir haben Ihnen auf der rechten Seite eine Liste dieser Rezepte zusammengestellt.

Bei den übrigen Rezepten kommen Zutaten wie Eier, Käse oder Bacon zum Einsatz – auch sie lassen sich bei etwas Erfahrung mit dem Backverhalten veganer Alternativen natürlich austauschen.
Als veganer Ersatz für die schier unverzichtbare *clotted cream* lässt sich aus veganem Frischkäse und etwas Kokoscreme ganz leicht ein leckerer Aufstrich aufschlagen.

Ein wunderbares Rezept für vegane Scones gibt es vom veganen Meisterbäcker Toni Rodríguez, das er in seinem Buch *Die vegane Backbibel* vorstellt:

VEGANE SCONES (für 12 Stück)

Zutaten
370 g Weizenmehl Type 405
130 g brauner Zucker
13 g Backpulver
3 g Salz
2 unbehandelte Zitronen
51 g Kokosöl
45 g Sonnenblumenöl
114 g Wasser

Zubereitung
Das Mehl, den Zucker, das Backpulver und das Salz in einer Schüssel vermischen. Die Schale der Zitronen dünn abreiben, das Kokosöl schmelzen. Das Kokosöl, den Zitronenabrieb, das Sonnenblumenöl und 24 g Wasser zur Mehlmischung geben. Die Zutaten so lange verkneten, bis ein feinkrümeliger Teig entstanden ist. Dann das übrige Wasser (90 g) hinzufügen und gut einkneten. Den Teig zu einer Kugel formen und etwas flach drücken, sodass eine runde Scheibe entsteht. Für 15 Minuten kalt stellen. Die Teigscheibe anschließend in zwölf Kuchenstücke schneiden. Bei 180 °C (Umluft) im vorgeheizten Backofen 15 Minuten backen. Anschließend wie gewünscht verwenden.

Klassisch und beliebt

Plain Scones	Einfache Scones
Fruit Scones	Früchte-Scones

Aus der Pfanne

Tattie Scones	Kartoffel-Scones
Griddle Scones	Griddle-Scones

Süß

Cranberry Chocolate Scones	Cranberry-Schokoladen-Scones
Apple and Salted Caramel Scones	Apfel-Scones mit Salzkaramell
Earl Grey Scones	Earl-Grey-Scones
Raspberry and White Chocolate Scones	Himbeer-Scones mit weißer Schokolade
Chocolate Scones	Schokoladen-Scones
Walnut Scones	Walnuss-Scones
Blueberry Scones	Blaubeer-Scones
Pumpkin Scones	Kürbis-Scones
Lemon Scones	Zitronen-Scones
Lemonade Scones	Limonaden-Scones
Coconut Scones	Kokosnuss-Scones
Whisky Soaked Sultana Scones	Scones mit Whisky-Rosinen
Rhubarb Strawberry Scones	Rhabarber-Erdbeer-Scones
Victoria Scones	Victoria-Scones
Treacle Scones	Sirup-Scones
Scone Choco Balls	Scone-Schokoladenkugeln

Herzhaft

Sour Skons	Saure Scones
Ginger Scones	Ingwer-Scones
Leek Scones	Lauch-Scones
Beetroot Scones	Rote-Bete-Scones
Carrot Scones	Karotten-Scones
Feta and Spring Onion Scones	Scones mit Feta und Frühlingszwiebeln
Ginger Beer Scones	Ingwerbier-Scones
Horseradish Scones	Meerrettich-Scones
Olive and Dried Tomato Scones	Scones mit Oliven und getrockneten Tomaten

Verführerisch präsentiert

Black Forest Scone	Schwarzwälder-Kirsch-Scone
Scones with Strawberries	Scones mit Erdbeeren
Scones with Caramelized Onions	Scones mit karamellisierten Zwiebeln

Klassisch

und

beliebt

PLAIN SCONES

Einfache Scones

FÜR 10 SCONES

120 g Butter
500 g Weizenmehl
4 gehäufte TL Backpulver
1 kräftige Prise Salz
250 ml Milch
2 EL Milch zum Bestreichen

ZUBEREITUNG

Den Backofen auf 190 °C Ober-/Unterhitze vorheizen und ein Backblech mit Backpapier auslegen.

Die kalte Butter in Würfel schneiden.

Das Mehl zusammen mit dem Backpulver in eine Schüssel sieben und mit dem Salz vermischen. Die Butter dazugeben und mit den Fingerspitzen darunterreiben, bis eine krümelige Masse entsteht. Die Milch dazugeben und mit einem Tafelmesser untermengen, je nach Konsistenz des Teiges etwas mehr Milch hinzufügen. Zum Schluss den Teig kurz mit einer Hand durchkneten.

Den Teig auf einer bemehlten Arbeitsfläche etwa 3 cm dick flach drücken. Mit einem Ausstecher von 6 cm Durchmesser Kreise ausstechen. Die Teiglinge aufs Backblech setzen und mit Milch bestreichen.

Im vorgeheizten Backofen etwa 15 Minuten goldbraun backen. Aus dem Ofen nehmen und die Scones auf einem Kuchengitter etwas auskühlen lassen.

Mit Butter oder *clotted cream* und Konfitüre genießen.

TIPP

Wer die Scones süß haben möchte, kann dem Teig auch etwas Zucker zugeben.

YOGHURT SCONES

Joghurt-Scones

FÜR 12–15 SCONES

200 g Naturjoghurt 3,5%
2 Eier
125 g Butter
500 g Mehl
3 gehäufte TL Backpulver
¼ TL Salz
1 EL Zucker
1 Eigelb und 1 EL Sahne zum Bestreichen

ZUBEREITUNG

Den Backofen auf 190 °C Ober-/Unterhitze vorheizen und ein Backblech mit Backpapier auslegen.

Joghurt und Eier miteinander verquirlen.

Die kalte Butter in Würfel schneiden.

Das Mehl zusammen mit dem Backpulver in eine Schüssel sieben und mit dem Salz und dem Zucker vermischen. Die Butter dazugeben und mit den Fingerspitzen darunterreiben, bis eine krümelige Masse entsteht.

Die Joghurt-Eier-Mischung dazugeben und mit einem Tafelmesser untermengen. Zum Schluss kurz mit einer Hand durchkneten, bis es einen elastischen Teig ergibt.

Den Teig auf einer bemehlten Arbeitsfläche etwa 3 cm dick flach drücken und mit einem Ausstecher von 6 cm Durchmesser Kreise ausstechen. Die Teiglinge aufs Backblech setzen. Eigelb und Sahne verquirlen und die Scones damit bestreichen.

Im vorgeheizten Backofen etwa 15 Minuten goldbraun backen. Mit Butter oder *clotted cream* und Konfitüre genießen.

TEA TIME AM LOCH LOMOND

Coach House Coffee Shop

Wer von Glasgow aus Richtung Highlands fährt, der kommt am wohl meistbesungenen und flächenmäßig auch größten See Schottlands vorbei, am Loch Lomond. Nicht nur seine verkehrsgünstige Lage unweit der schottischen Metropolen macht ihn zu einem Touristenmagneten, er ist auch wirklich traumhaft schön. Auf einer Reise dort Rast machen ist einfach ein MUSS.

Im Örtchen Luss laden Restaurants und Cafés zum Verweilen ein und im Sommer ist es oft schwer, ein Plätzchen zu ergattern. Ich bin meist in der Nebensaison unterwegs und fand dieses Jahr sogar unweit des *Coach House Coffee Shops* einen Parkplatz. Der Name lässt auf eine lange Geschichte schließen, und tatsächlich befand sich hier früher eine Kutschenstation. Die alten Gebäude verfielen allerdings im Laufe der Jahre, und vor 25 Jahren beschloss Rowena Ferguson, an diesem Platz für neues Leben zu sorgen. Die Ruinen wurden abgerissen und ein neues Gebäude entstand, angelehnt an den historischen Stil der alten Station. Im April 1998 eröffnete Rowena ihren *Coach House Coffee Shop* und sie leitet das Café noch immer mit viel Liebe.

Im Sommer sitzt man draußen, im Winter lockt der Kamin zur *tea time* in die warme Gaststube. Das Ambiente ist schlicht und Tischdecken sucht man vergeblich, aber es ist urgemütlich. Selbstgebackene Kuchen gibt es, darauf wird Wert gelegt, und natürlich dürfen duftige Scones nicht fehlen. Mit Butter, *clotted cream* und Kirschkonfitüre bekomme ich meinen Früchte-Scone serviert. Eine Kanne Tee dazu – Herz, was willst du mehr?

FRUIT SCONES

Früchte-Scones

FÜR 12 SCONES

180 g getrocknete Früchte (wahlweise Rosinen, Aprikosen, Datteln u.a.)
120 g Butter
500 g Weizenmehl
4 gehäufte TL Backpulver
1 kräftige Prise Salz
250 ml Milch
2 EL Milch zum Bestreichen

ZUBEREITUNG

Den Backofen auf 190 °C Ober-/Unterhitze vorheizen und ein Backblech mit Backpapier auslegen.

Die getrockneten Früchte fein würfeln, Rosinen so lassen. Die kalte Butter in Würfel schneiden.

Das Mehl zusammen mit dem Backpulver in eine Schüssel sieben und mit dem Salz vermischen. Die Butter dazugeben und mit den Fingerspitzen darunterreiben, bis eine krümelige Masse entsteht. Die Trockenfrüchte ebenfalls mit den Fingern unterarbeiten.

Die Milch dazugeben und mit einem Tafelmesser untermengen, je nach Konsistenz des Teiges etwas mehr Milch hinzufügen. Zum Schluss kurz mit einer Hand durchkneten.

Den Teig auf einer bemehlten Arbeitsfläche etwa 3 cm dick flach drücken und mit einem Ausstecher von 6 cm Durchmesser Kreise ausstechen. Die Teiglinge aufs Backblech setzen und mit Milch bestreichen.

Im vorgeheizten Backofen etwa 15 Minuten goldbraun backen. Aus dem Ofen nehmen und die Scones auf einem Kuchengitter etwas auskühlen lassen.

Mit Butter oder *clotted cream* und Konfitüre genießen.

CHEESE SCONES

Käse-Scones

FÜR 10 SCONES

150 g Cheddar
100 g Butter
500 g Weizenmehl
4 gehäufte TL Backpulver
1 kräftige Prise Salz
200–220 ml Milch
2 EL Milch zum Bestreichen

ZUBEREITUNG

Den Backofen auf 190 °C Ober-/Unterhitze vorheizen und ein Backblech mit Backpapier auslegen.

Den gesamten Cheddar fein reiben, etwa 30 g davon zum Bestreuen zur Seite stellen.

Die kalte Butter in Würfel schneiden.

Das Mehl zusammen mit dem Backpulver in eine Schüssel sieben und mit dem Salz vermischen. Die Butter dazugeben und mit den Fingerspitzen darunterreiben, bis eine krümelige Masse entsteht. 120 g des geriebenen Cheddars unterarbeiten.

Die Milch dazugeben und mit einem Tafelmesser untermengen, je nach Konsistenz des Teiges etwas mehr Milch hinzufügen. Zum Schluss kurz mit einer Hand durchkneten.

Den Teig auf einer bemehlten Arbeitsfläche etwa 3 cm dick flach drücken und mit einem Ausstecher von 6 cm Durchmesser Kreise ausstechen. Die Teiglinge aufs Backblech setzen und mit dem restlichen Cheddar bestreuen.

Im vorgeheizten Backofen etwa 15 Minuten goldbraun backen. Aus dem Ofen nehmen und die Scones auf einem Kuchengitter etwas auskühlen lassen.

Mit Butter genießen – oder ganz einfach so.

Aus der

Pfanne

TATTIE SCONES

Kartoffel-Scones

Stimmt, diese Scones sehen so ganz anders aus als die üblichen Scones. Traditionell werden Tattie Scones zum warmen Frühstück gereicht und begleiten beispielsweise Baked Beans, Black Pudding und geschmorte Tomaten. Sie eignen sich aber auch wunderbar als Kartoffelbeilage zu manchem Gericht. Oder einfach so zwischendurch.

FÜR 16 SCONES

500 g Kartoffeln
40 g Butter
½ TL Meersalz
1 Prise Pfeffer
etwa 120 g Weizenmehl
Butter zum Braten

ZUBEREITUNG

Die Kartoffeln schälen, vierteln und in Salzwasser gar kochen. Das Restwasser abgießen und die Kartoffeln zusammen mit Butter, Salz und Pfeffer zerstampfen.

Das Mehl darunterrühren, bis es eine feste Masse ergibt. Je nach Kartoffelsorte kann die nötige Mehlmenge variieren, also am besten nach und nach dazugeben. Masse in vier Teile teilen und zu Kugeln geformt 5 Minuten ruhen lassen.

Die Kugeln auf einer bemehlten Arbeitsfläche zu je 4–5 mm dicken Kreisen ausrollen. Mit einer Gabel mehrmals einstechen, vierteln und in leicht gebutterter Pfanne von jeder Seite für 3–4 Minuten bei mittlerer Temperatur goldgelb braten.

GRIDDLE SCONES

Griddle-Scones

Die Ursprünge der Scones liegen nicht im Backofen, sondern in der Pfanne – genauer gesagt in gusseisernen Platten, die über offenem Feuer oder auf dem Herd erhitzt wurden. Je nach Region lautet die Bezeichnung für dieses Kochgeschirr griddle oder girdle. Erst als die Haushalte vermehrt über Backöfen verfügten, wurden Scones zu dem Gebäck, das wir heute größtenteils unter diesem Begriff verstehen. Die Rezepte für Griddle Scones funktionieren aber immer noch, ob auf dem Herd oder auch auf dem Grill. Grillplatten, Pfannen oder auch heiße Steine sind dafür bestens geeignet.

FÜR 8 SCONES

250 g Mehl
2 TL Backpulver
¼ TL Salz
150 g Buttermilch

ZUBEREITUNG

Die Grillplatte/Pfanne vorheizen. Einfetten ist nicht nötig. Mehl und Backpulver in eine Schüssel sieben und mit dem Salz vermischen.

Die Buttermilch hinzufügen und alles mit einem Tafelmesser vermengen. Bei Bedarf noch etwas Milch ergänzen. Kurz mit der Hand durchkneten und in zwei Teile teilen. Auf einer bemehlten Arbeitsfläche jeweils 1–1,5 cm dick zu einem Kreis flach drücken und vierteln oder in sechs Kreissegmente schneiden.

Die Scones auf die heiße Grillplatte oder in die Pfanne legen und von beiden Seiten jeweils 3–4 Minuten backen.

Griddle Scones schmecken am besten frisch aus der Pfanne. Man kann sie wie Scones süß mit Butter und Konfitüre genießen oder mit herzhaftem Aufstrich.

TIPP

Bei einem Grillfest sorgen frisch zubereitete Griddle Scones anstelle von Brot bestimmt für begeistertes Hallo.

DROP SCONES

Schottische Pfannkuchen

Drop Scones sind auch als Scotch Pancakes bekannt und mit den historischen Griddle Scones verwandt, die ja auch nicht im Backofen, sondern auf einer gusseisernen Platte ausgebacken wurden. Es gibt verschiedene Rezepte für Drop Scones, aber dieses hier ist wohl das bekanntes-te, stammt es doch von Queen Elizabeth II höchstpersönlich. Als US-Präsident Eisenhower sie 1959 in Schloss Balmoral besuchte, hatte er Gefallen an dieser Frühstücksleckerei gefunden und die Königin ließ ihm das Rezept einige Zeit später mit einem ausführlichen handschrift-lichen Begleitschreiben zukommen.

FÜR 16 SCONES

350 g Weizenmehl
3 TL Weinsteinbackpulver *(Cream of Tartar)*
2 TL Backpulver
1 Prise Salz
2 Eier
4 EL Zucker
250 ml Milch
2 EL Butter

ZUBEREITUNG

Mehl und Backpulver in eine Schüssel sieben und mit dem Salz vermischen.

Die Eier mit dem Zucker und der Hälfte der Milch in einer separaten Schüssel miteinander verquirlen. Die Mehlmischung darunterrühren, bis es einen glatten, festen Teig ergibt. Nach und nach die restliche Milch unterrühren, bis der Teig etwas dickflüssiger ist und vom Löffel gleitet, aber nicht gleich auseinanderläuft.

Die Butter in einem Topf leicht erwärmen, schmelzen lassen und unter den Teig rühren.

Jeweils 1 EL Teig in eine beschichtete Pfanne geben, um kleine, nicht zu flache Drop Scones zu erhalten. Fett ist eigentlich nicht nötig. Bei mittlerer Temperatur von beiden Seiten jeweils etwa 2 Minuten goldbraun ausbacken. Die Scones gehen dabei deutlich auf. Aus der Pfanne nehmen und warmstellen, bis alle Drop Scones ausgebacken sind.

Die Drop Scones können wie im Buckingham Palace mit *clotted cream* und Erdbeerkonfitüre serviert werden, aber auch mit Butter und anderer Konfitüre, mit Honig oder Ahornsirup, oder auch mit Obstkompott – »as you please«, würde Queen Elizabeth sicher gesagt haben.

Süß und

fruchtig

HONEY SCONES

Honig-Scones

FÜR 8 SCONES

100 ml Milch
2 EL flüssiger Honig
70 g Butter
250 g Weizenmehl
2 gehäufte TL Backpulver
1 Prise Salz
1 EL feiner brauner Zucker

ZUBEREITUNG

Den Backofen auf 200 °C Ober-/Unterhitze vorheizen und ein Backblech mit Backpapier auslegen.

Die Milch in einem Topf sehr leicht erwärmen und den Honig einrühren, beiseitestellen.

Die kalte Butter in Würfel schneiden.

Das Mehl zusammen mit dem Backpulver in eine Schüssel sieben und mit dem Salz und dem Zucker vermischen. Die Butter dazugeben und mit den Fingerspitzen darunterreiben, bis eine krümelige Masse entsteht.

Etwa 2 EL von der Honigmilch beiseitestellen, den Rest zum Teig dazu geben und mit einem Tafelmesser untermengen. Kurz mit der Hand durchkneten und dann auf dem Backblech zu einem großen Kreis von etwa 18 cm Durchmesser flach drücken. Den Teigling mit einem Messer tortenförmig in acht Teile schneiden, die aneinander haften bleiben.

Im vorgeheizten Backofen 10 Minuten backen. Das Blech aus dem Ofen nehmen, die Scones mit der zurückbehaltenen Honigmilch bestreichen und das Blech in den Ofen zurückschieben. Weitere 5–8 Minuten backen, herausnehmen und nur leicht abkühlen lassen.

Am besten sofort warm am Stück servieren. Die Scones-Portionen abbrechen und mit etwas Butter oder *clotted cream* und herber Konfitüre genießen.

MEHR ALS EIN TEELADEN

Sabines Hebridean Tea Store

In Stornoway, einem Ort auf der Insel Lewis and Harris, hat sich Sabine Weiten eine neue Existenz aufgebaut. Die Inselkette der Outer Hebrides hat die gebürtige Deutsche in ihren Bann gezogen, nachdem sie zunächst in der Gegend von Glasgow Fuß gefasst hatte. Die gälische Sprache und das Brauchtum faszinieren sie, und draußen auf den Inseln ist man dem nun mal sehr viel näher als im urbanen Herzen von Schottland.

Sabine begann damit, auf Lewis and Harris Tee, Gebäck und andere Produkte auf Märkten anzubieten. Dann erfüllte sie sich ihren Traum und eröffnete zusammen mit ihrer Freundin Annie ein kleines Ladengeschäft für Tee und Vintage-Porzellan, den Hebridean Tea Store, den sie inzwischen zusammen mit ihrer Tochter Babs betreibt.

Mehr als 150 Teesorten sind seither über den Ladentisch des *Hebridean Tea Store* gegangen, darunter auch einige selbst kreierte Sorten wie der Blackhouse Tea. Den gibt's nur bei Sabine. Inspirieren ließ sie sich dazu vom typischen Rauchgeruch in den *blackhouses*, den traditionellen Häusern auf den Hebriden mit aus groben Steinen geschichteten Wänden, in denen für das Feuer getrockneter Torf genutzt wird.

Wer einmal nach Stornoway kommt, der sollte also unbedingt einmal hineinschnuppern in den *Hebridean Tea Store*. Neben Tee gibt es auch allerlei Teegeschirr und Teebedarf. Süßigkeiten, Kekse und andere Backwaren gehören ebenso zum Repertoire des Ladens, und hin und wieder backt Sabine auch Scones. Cranberry Chocolate Scones beispielsweise, für die sie selbst sehr schwärmt und für die sie mir das Rezept (siehe Seite 44) verraten hat.

Hebridean Tea Store
SABINE
Golden Monkey
ORGANIC BLACK TEA
Cherry Pie
Blue Lady
Vanilla
Wild Cherry
NEW

CRANBERRY CHOCOLATE SCONES

Cranberry-Schokoladen-Scones von Sabine Weiten

FÜR 10–12 SCONES

80 g Butter
250 g Weizenmehl
30 g Zucker
1 gute Prise Salz
1–2 TL Backpulver
1 Ei
50–80 ml Milch
100 g weiße Schokotröpfchen
80 g Cranberries, gehackt

ZUBEREITUNG

Den Backofen auf 180 °C Umluft einstellen und ein Backblech mit Backpapier auslegen.

Butter in kleine Stückchen schneiden und zusammen mit Mehl, Zucker, Salz und Backpulver in eine Schüssel geben und mit einem Handmixer mixen oder die Butter mit den Fingern zerkrümeln und alles mit den Händen mischen, ohne zu kneten.

Die Mischung in eine Rührschüssel geben, ein Ei und die Milch dazugeben. Mit den Knethaken des Handmixers kurz durchkneten. Dann die Schokolade und die Cranberries hinzufügen und alles kurz durchmixen.

Eine Arbeitsfläche leicht bemehlen, die Masse daraufgeben und alles mit der Hand zu einem geschmeidigen Teig so lange kneten, bis alles zusammenhält.

Den Teig mit der flachen Hand etwa daumendick flach drücken. Mit dem Ausstecher die Scones ausstechen. Die Teiglinge aufs Backblech setzen und mit etwas Milch bestreichen.

Im vorgeheizten Backofen 12–15 Minuten backen, bis sie goldfarben sind.

Mit Landrahm, einem Brotaufstrich aus mild-gesäuertem Rahm (anstelle von *clotted cream*) und Konfitüre ein Genuss, oder auch einfach nur mit Butter.

TIPP

Statt der Cranberries können auch Rosinen oder Korinthen verwendet werden.

APPLE AND SALTED CARAMEL SCONES

Apfel-Scones mit Salzkaramell

FÜR 14–16 SCONES

Für die Karamellsauce
20 g Butter
40 g feiner Zucker
100 g Sahne
½ TL Salz

Für die Scones
300 g Äpfel (2 kleine Äpfel)
125 g Butter
500 g Weizenmehl
4 gehäufte TL Backpulver
1 Prise Salz
100 g Zucker
8–10 EL Milch

ZUBEREITUNG

Für die Karamellsauce die Butter in einem Topf schmelzen lassen, den Zucker und 2 EL Wasser hinzugeben und erhitzen. Unter Rühren das Wasser verdampfen und den Zucker kurz Farbe annehmen lassen. Er darf aber nicht zu dunkel werden und verbrennen. Die Sahne hinzugeben und unter Rühren köcheln lassen, bis die Sauce leicht andickt. Das Salz unterrühren und den Topf zum Abkühlen vom Herd nehmen.

Den Backofen auf 200 °C Ober-/Unterhitze vorheizen und ein Backblech mit Backpapier auslegen.

Die Äpfel schälen, vierteln, das Kerngehäuse entfernen und die Apfelviertel grob raspeln oder in feine Würfel schneiden.
Die kalte Butter in Würfel schneiden.

Das Mehl zusammen mit dem Backpulver in eine Schüssel sieben und mit dem Salz und dem Zucker vermischen. Die Butter dazugeben und mit den Fingerspitzen darunterreiben, bis eine krümelige Masse entsteht.

Etwa 3 EL von der Karamellmilch beiseitestellen, den Rest zusammen mit den Äpfeln in die Schüssel geben und alles mit einem Tafelmesser vermengen. Nach Bedarf etwas Milch ergänzen. Kurz noch mit der Hand durchkneten.

Den Teig auf einer bemehlten Arbeitsfläche etwa 3 cm dick mit der Hand flach drücken und mit einem Ausstecher Kreise mit einem Durchmesser von 6 cm ausstechen. Die Teiglinge auf das Backblech setzen.

Im vorgeheizten Backofen etwa 20 Minuten goldbraun backen. Aus dem Ofen nehmen und die Scones auf einem Kuchengitter abkühlen lassen. Die Scones zum Schluss mit der übrigen Karamellsauce bestreichen.

EARL GREY SCONES

Earl-Grey-Scones

FÜR 10 SCONES

175 ml Milch
3 TL loser oder 3 Teebeutel Earl-Grey-Tee
120 g Butter
100 g kandierte Früchte (Zitrone und Orange)
1 Ei
500 g Mehl
4 gehäufte TL Backpulver
30 g Zucker
1 Prise Salz
Puderzucker zum Bestauben

ZUBEREITUNG

Die Milch bis kurz vor dem Kochen erhitzen, den Topf vom Herd nehmen und den Tee hineinrühren. Teebeutel vorher aufschneiden und den Tee in die Milch hineinrieseln lassen. Die Teemilch kalt werden lassen.

Den Backofen auf 200 °C Ober-/Unterhitze vorheizen und ein Backblech mit Backpapier auslegen.

Die kalte Butter in Würfel schneiden. Die kandierten Früchte sehr fein würfeln. Ein Ei in einer Tasse verquirlen.

Das Mehl zusammen mit dem Backpulver in eine Schüssel sieben und mit dem Zucker und dem Salz vermischen. Die Butter dazugeben und mit den Fingerspitzen darunterreiben, bis eine krümelige Masse entsteht. Anschließend auch die kandierten Früchte unterarbeiten.

Das Ei zum Teig dazugeben und die Teemilch durch ein feines Sieb hineingießen. Alles mit einem Tafelmesser untermengen und dann mit der Hand kurz verkneten. Je nach Konsistenz des Teiges kann es nötig sein, etwas Milch oder etwas Mehl zu ergänzen.

Den Teig auf einer bemehlten Arbeitsfläche mit der Hand gut 3 cm dick flach drücken und mit einem Ausstecher von 7 cm Durchmesser Kreise ausstechen und die Teiglinge auf das Backblech setzen.
Im vorgeheizten Backofen etwa 15 Minuten backen, bis sie eine goldbraune Farbe angenommen haben. Aus dem Ofen nehmen, auf ein Gitter setzen und auskühlen lassen.

Vor dem Servieren mit Puderzucker bestauben und am besten noch leicht warm mit Butter oder *clotted cream* und Orangenmarmelade genießen.

RASPBERRY AND WHITE CHOCOLATE SCONES

Himbeer-Scones mit weißer Schokolade

FÜR 10–12 SCONES

125 g Butter
500 g Weizenmehl
4 gehäufte TL Backpulver
125 g Zucker
1 Prise Salz
120 g frische Himbeeren
120 g weiße Schokoladendrops
30–50 ml Milch
Puderzucker zum Bestauben

ZUBEREITUNG

Den Backofen auf 190 °C Ober-/Unterhitze vorheizen und ein Backblech mit Backpapier auslegen.

Die kalte Butter in Würfel schneiden.

Das Mehl zusammen mit dem Backpulver in eine Schüssel sieben und mit dem Zucker und dem Salz vermischen. Die Butter dazugeben und mit den Fingerspitzen darunterreiben, bis eine krümelige Masse entsteht.

Die Himbeeren und die Schokoladendrops dazugeben und mit einem Tafelmesser untermengen. Je nach Konsistenz des Teiges (der vom Flüssigkeitsgehalt der Himbeeren abhängt) etwas Milch dazugeben und alles kurz zu einem geschmeidigen, aber nicht zu flüssigen Teig verkneten.

Den Teig auf einer bemehlten Arbeitsfläche 3 cm dick mit der Hand flach drücken und mit einem Ausstecher von 7 cm Durchmesser Kreise ausstechen. Die Teiglinge aufs Backblech setzen.

Im vorgeheizten Backofen etwa 15 Minuten backen.

Aus dem Ofen nehmen und die Scones auf einem Kuchengitter auskühlen lassen.

Vor dem Servieren mit Puderzucker bestauben.

CHOCOLATE SCONES

Schokoladen-Scones

FÜR 10–12 SCONES

100 g Butter
500 g Weizenmehl
4 gehäufte TL Backpulver
2 EL Kakaopulver
1 Prise Salz
80 g Chocolate Chunks oder Blockschokolade, grob geraspelt
220–250 ml Milch
Puderzucker zum Bestauben

ZUBEREITUNG

Den Backofen auf 190 °C Ober-/Unterhitze vorheizen und ein Backblech mit Backpapier auslegen.

Die kalte Butter in Würfel schneiden.

Das Mehl zusammen mit dem Backpulver und dem Kakaopulver in eine Schüssel sieben und mit dem Salz vermischen. Die Butter dazugeben und mit den Fingerspitzen darunterreiben, bis eine krümelige Masse entsteht. Die Chocolate Chunks ebenfalls daruntermischen.

Die Milch dazugeben und mit einem Tafelmesser untermengen, je nach Konsistenz des Teiges etwas mehr Milch hinzufügen. Zum Schluss kurz mit einer Hand durchkneten.

Den Teig auf einer bemehlten Arbeitsfläche etwa 3 cm dick flach drücken und mit einem Ausstecher von 6 cm Durchmesser Kreise ausstechen. Die Teiglinge aufs Backblech setzen.

Im vorgeheizten Backofen etwa 15 Minuten backen. Aus dem Ofen nehmen und die Scones auf einem Kuchengitter etwas auskühlen lassen.

Puderzucker darüberstauben und mit Butter oder *clotted cream* genießen.

TIPP

Als leckere Variante für Erwachsene werden die Scones halbiert, geschlagene Sahne darauf verteilt und etwas Eierlikör darübergegossen.

HINEINGESCHNUPPERT

Bed & Whisky in Orkney

Sie haben vor Kurzem ihren Traum wahr gemacht und getan, worum viele Schottlandfans sie beneiden: Chris Rickert und Stephan Runge sind nach Schottland ausgewandert. Gerade noch rechtzeitig, bevor die Folgen des Brexits ihnen diese Tür verschlossen hätten, haben sie den Absprung von der Großstadtregion Hamburg auf die beschaulichen Orkney-Inseln geschafft.

Seit August 2022 betreiben die beiden bei Orphir unweit von Stromness ein Bed & Breakfast. Ich war gleich zum Jahreswechsel bei ihnen zu Gast und kann verstehen, dass sie sich in dieses traumhafte Fleckchen Erde verliebt haben.

Als Hommage an das schottische Lebenswasser, ihre große Leidenschaft, nennen sie ihre kleine Frühstückspension »Bed & Whisky«. Wer bei ihnen übernachtet, kann zahlreiche edle und rare Single Malts im *living room* entdecken und wird bei Interesse in die Geheimnisse des Whiskys eingeweiht. Aber das ist keine Voraussetzung, um hier Gast zu sein, man wird auch mit ganz alkoholfreien Leckereien verwöhnt. Mit einem typisch schottischen Frühstück mit Bacon, *eggs*, Haggis und selbstgemachter Marmelade beispielsweise. Oder mit duftigem Gebäck.

Begeistert sind Chris und Stephan von den regionalen Angeboten auf den Inseln. Fisch oder Muscheln, die sich morgens noch im Wasser tummeln, werden am Nachmittag von lokalen Fischern bis an die Haustür geliefert. Von Käse bis Eiscreme, von Orkney-Lamm bis Gin, Rum und Whisky – *think local* ist auf den Orkney-Inseln mehr als nur ein Slogan.

Sehr angetan hat es Chris die Barony Mill, bei der er das Mehl für sein Brot und andere Backkreationen einkauft. Neben Roggen oder Weizen verarbeitet die Barony Mill unter anderem auch *bere barley*, eine traditionelle Gerstensorte, die auf Orkney seit Jahrhunderten angebaut wird. Das Mehl des *bere barley* wird vor allem für die nahrhaften *oatcakes* verwendet, doch Chris hat einen besonderen Tipp für mich: Beremeal Scones. Na, wenn das kein Rezept für dieses Buch ist!

ORKNEY
BEREMEAL

ORKNEY BEREMEAL SCONES

Beremeal-Scones von Chris Rickert

Chris erklärt die Besonderheit dieser Scones: »Beremeal ist eine Urgerste mit aromatisch-nussigem Geschmack. Sie wird seit Jahrzehnten in Orkney – und fast nur noch hier – angebaut, und vornehmlich zur Bier- und Whiskyproduktion genutzt. Das Korn wird in einer der ältesten noch aktiven, mit Wasserkraft betriebenen Getreidemühlen Schottlands gemahlen: der Barony Mill. *Beremeal hat viele Kohlenhydrate und wenig Fett, aber auch kaum Klebe- und Bindeeiweiße, sodass es sich empfiehlt, es immer mit anderen Mehlsorten zu mischen.«*

FÜR 10–12 SCONES

125 g Butter
250 g Mehl (Beremeal oder Gerstenmehl)
250 g Weizenmehl
1 Päckchen Weinsteinbackpulver
70–100 g Zucker
1 Päckchen Bourbonvanillezucker
1 TL Salz
250 g griechischer Vollmilchjoghurt
2 Eier

ZUBEREITUNG

Den Backofen auf 180 °C Ober-/Unterhitze vorheizen und ein Backblech mit Backpapier auslegen.

Die kalte Butter in kleine Würfel schneiden.

Das Mehl zusammen mit dem Backpulver in eine Schüssel sieben und mit dem Zucker, Vanillezucker und Salz vermischen. Die Butter dazugeben und mit den Fingerspitzen darunterreiben, bis eine krümelige Masse entsteht.

Joghurt und Eier miteinander verrühren, auf die Mehlmischung geben und kurz kneten, bis sich alles vermengt hat. Je kürzer geknetet, desto fluffiger werden die Scones.

Den Teig auf einer bemehlten Arbeitsfläche etwa 3–4 cm dick flach drücken und mit einem runden Wellenformausstecher ausstechen.

Die Teiglinge eine halbe Stunde in den Kühlschrank stellen, dann halten sie beim Backen besser die Form. Die Teiglinge aufs Backblech setzen.

Im vorgeheizten Backofen etwa 20 Minuten auf mittlerer Schiene backen.

TIPP

Statt *clotted cream* nehmen wir gerne griechischen Joghurt unter die Konfitüre, entweder pur oder mit etwas Honig oder Zucker verrührt.

WALNUT SCONES

Walnuss-Scones

FÜR 10–12 SCONES

120 g Butter
500 g Weizenmehl
4 gehäufte TL Backpulver
120 g Zucker
1 Prise Salz
50 g Walnüsse, gehackt
1 EL Ahornsirup
150–200 ml Milch

Für die Dekoration

40 g Waknusskerne, grob gehackt
100 g Puderzucker
½ TL Ahornsirup

ZUBEREITUNG

Den Backofen auf 200 °C Ober-/Unterhitze vorheizen und ein Backblech mit Backpapier auslegen.

Die kalte Butter in Würfel schneiden.

Das Mehl zusammen mit dem Backpulver in eine Schüssel sieben und mit dem Zucker und dem Salz vermischen. Die Butter dazugeben und mit den Fingerspitzen darunterreiben, bis eine krümelige Masse entsteht. Die Walnüsse dazugeben und ebenfalls unterarbeiten.

Den Ahornsirup und 150 ml Milch hinzufügen und mit einem Tafelmesser untermengen. Bei Bedarf etwas Milch ergänzen und zum Schluss mit einer Hand kurz zu einem krümeligen, aber nicht zu weichen Teig durchkneten.

Den Teig auf einer bemehlten Arbeitsfläche etwa 3 cm dick mit der Hand flach drücken und mit einem Ausstecher von 6 cm Durchmesser Kreise ausstechen. Die Teiglinge aufs Backblech setzen.

Im vorgeheizten Backofen etwa 20 Minuten goldbraun backen. Aus dem Ofen nehmen und die Scones auf einem Kuchengitter auskühlen lassen.

In der Zwischenzeit die Walnussstücke für die Dekoration auf einem Backblech im heißen Ofen 5 Minuten rösten. Den Puderzucker in einer Schüssel mit dem Ahornsirup und etwas kaltem Wasser glattrühren.

Den Guss mit einem Teelöffel auf die lauwarmen Scones geben und leicht verlaufen lassen, die Walnussstücke darauf verteilen.

BLUEBERRY SCONES

Blaubeer-Scones

FÜR 10–12 SCONES

1 unbehandelte Zitrone
150 g frische Blaubeeren (idealerweise nicht zu große)
120 g Butter
500 g Weizenmehl
120 g feiner Zucker
4 gehäufte TL Backpulver
1 Prise Salz
150–200 ml Milch
100 g Puderzucker
optional einige Blaubeeren zur Dekoration

ZUBEREITUNG

Den Backofen auf 190 °C Ober-/Unterhitze vorheizen und ein Backblech mit Backpapier auslegen.

Die Zitrone waschen und mit Küchenkrepp trockentupfen. Die Schale fein abreiben und anschließend den Saft der Zitrone auspressen. Zitronenschale und Saft getrennt beiseitestellen.

Die Blaubeeren waschen und mit Küchenkrepp trockentupfen. Die kalte Butter in Würfel schneiden.

Das Mehl zusammen mit dem Backpulver in eine Schüssel sieben und mit dem Zucker und dem Salz vermischen. Die Butter und die Zitronenschale dazugeben und mit den Fingerspitzen darunterreiben, bis eine krümelige Masse entsteht. Die Blaubeeren darunterheben.

Zunächst etwa 150 ml Milch dazugeben und mit einem Tafelmesser untermengen, je nach Konsistenz des Teiges etwas mehr Milch hinzufügen. Zum Schluss kurz mit einer Hand durchkneten.

Den Teig auf einer bemehlten Arbeitsfläche etwa 3 cm dick flach drücken oder leicht ausrollen, und mit einem Ausstecher von 6 cm Durchmesser Kreise ausstechen. Die Teiglinge aufs Backblech setzen.

Im vorgeheizten Backofen 15–20 Minuten goldbraun backen. Aus dem Ofen nehmen und die Scones auf einem Kuchengitter etwas auskühlen lassen.

In der Zwischenzeit den Puderzucker mit dem Zitronensaft glattrühren. Den Guss auf den Scones verteilen und nach Belieben mit Blaubeeren dekorieren.

Die Blaubeer-Scones mit Butter oder *clotted cream* servieren.

PUMPKIN SCONES

Kürbis-Scones

Mit den schottischen und irischen Auswanderern fanden viele Rezepte der alten Welt ihren Weg in die amerikanische Küche und wurden dort auch landestypisch angepasst. Kürbis-Scones beispielsweise sind nicht wegzudenken aus dem amerikanischen Gebäckangebot.

FÜR 12 SCONES

150 g Kürbisfleisch (z.B. Hokkaido)
100 g Butter
1 Ei
150 ml Kondensmilch
500 g Weizenmehl
4 gehäufte TL Backpulver
100 g feiner brauner Zucker
¼ TL Salz
1 TL Zimt
¼ TL geriebene Muskatnuss
20–50 ml Milch

ZUBEREITUNG

Den Backofen auf 190 °C Ober-/Unterhitze vorheizen und ein Backblech mit Backpapier auslegen.

Das Kürbisfleisch fein reiben. Die kalte Butter in Würfel schneiden. Das Ei aufschlagen und in einer kleinen Schüssel mit der Kondensmilch verquirlen.

Das Mehl zusammen mit dem Backpulver in eine Schüssel sieben und mit dem Zucker, dem Salz und den Gewürzen vermischen. Die Butter dazugeben und mit den Fingerspitzen darunterreiben, bis eine krümelige Masse entsteht. Den Kürbis ebenfalls unterarbeiten.

Die Eiermilch zum Teig dazugeben und alles mit einem Tafelmesser vermengen. Nach Bedarf etwas Milch ergänzen und den Teig nochmals kurz mit der Hand zu einem geschmeidigen, aber nicht zu glatten Teig verkneten.

Den Teig auf einer bemehlten Fläche etwa 3 cm dick mit der Hand flach drücken. Teiglinge von 6 cm Durchmesser ausstechen, auf das Backblech setzen und mit etwas Milch bestreichen.

Im vorgeheizten Backofen etwa 20 Minuten backen, bis die Scones goldbraun werden. Das Blech aus dem Ofen nehmen, die Scones auf einem Gitter etwas auskühlen lassen und am besten noch lauwarm mit Butter genießen.

TIPP

Wahlweise kann man dazu geschlagene Sahne und Ahornsirup reichen – so machen es die US-Amerikaner.

LEMON SCONES

Zitronen-Scones

FÜR 10 SCONES

1 unbehandelte Zitrone
150 g Buttermilch
1 Ei
120 g Butter
500 g Weizenmehl
4 gehäufte TL Backpulver
1 EL Zucker
1 Prise Salz
100 g Puderzucker

ZUBEREITUNG

Den Backofen auf 190 °C Ober-/Unterhitze vorheizen und ein Backblech mit Backpapier auslegen.

Die Zitrone waschen und mit Küchenkrepp trockentupfen. Die Schale fein abreiben und anschließend den Saft der Zitrone auspressen. Zitronenschale und Saft getrennt beiseitestellen.

Die Buttermilch mit dem Ei verquirlen.

Die kalte Butter in Würfel schneiden.

Das Mehl zusammen mit dem Backpulver in eine Schüssel sieben und mit Zucker und Salz vermischen. Die Butter und den Zitronenabrieb dazugeben und mit den Fingerspitzen darunterreiben, bis eine krümelige Masse entsteht

Die Eiermilch dazugeben und mit einem Tafelmesser untermengen, je nach Konsistenz des Teiges etwas mehr Buttermilch hinzufügen. Zum Schluss kurz mit einer Hand durchkneten.

Den Teig auf einer bemehlten Arbeitsfläche etwa 3 cm dick flach drücken und mit einem Ausstecher von 6 cm Durchmesser Kreise ausstechen. Die Teiglinge aufs Backblech setzen.

Im vorgeheizten Backofen etwa 15 Minuten goldbraun backen.
In der Zwischenzeit den Puderzucker mit 1–2 EL Zitronensaft zu einer dickflüssigen Glasur glattrühren.

Die Scones aus dem Ofen nehmen und auf ein Kuchengitter setzen. Noch warm mit der Glasur bestreichen und etwas auskühlen lassen. Mit Butter oder *clotted cream* und Konfitüre genießen.

TIPP

Zur Dekoration kann man auch hauchdünn geschnittene Scheiben einer Zitrone auf die noch feuchte Glasur auflegen.

LEMONADE SCONES

Limonaden-Scones

FÜR 8–10 SCONES

120 g Sahne mit hohem Fettgehalt
120 ml Zitronen- oder Orangenlimonade
1 EL Zucker
1 Prise Salz
300 g Mehl
2 gehäufte TL Backpulver
2 EL Milch zum Bestreichen

ZUBEREITUNG

Den Backofen auf 200 °C Ober-/Unterhitze vorheizen und ein Backblech mit Backpapier auslegen.

Sahne, Limonade, Zucker und Salz in einer Schüssel verrühren. Mehl und Backpulver dazu sieben und mit einem Tafelmesser unter die Flüssigkeit mengen. Den Teig auf eine bemehlte Fläche geben und leicht mit der Hand durchkneten, eventuell etwas Mehl dazugeben, wenn der Teig zu sehr klebt.

Den Teig mit der Hand etwa 3 cm dick flach drücken. Teiglinge von 6 cm Durchmesser ausstechen, sie mit Milch bestreichen und auf das Backblech setzen.

Im vorgeheizten Backofen etwa 15 Minuten backen. Die Scones aus dem Ofen nehmen, auf einem Gitter etwas auskühlen lassen und am besten noch lauwarm mit etwas Butter oder *clotted cream* und Konfitüre genießen.

GROSSMUTTERS KIRSCH-SCONES

Rachel backt ein Piobaireachd

Rachel MacNeill lebt auf Islay und wie viele andere Bewohner der kleinen Hebrideninsel ist sie in der Whiskybranche aktiv. Sie gründete die *Islay Whisky Academy* und veranstaltet Seminare und Tastings, organisiert Brennereibesuche und Whiskyevents. Oft setzt sie dabei auch künstlerische Akzente, verknüpft den Whiskygenuss mit Musik oder Literatur.

Ich traf Rachel zum ersten Mal auf einer Whiskymesse in Deutschland und wenn ich jetzt Islay besuche, verabreden wir uns immer auf ein Schwätzchen. Als wir dieses Jahr im Mai miteinander den *Big Strand* bei Glenegedale entlangspazierten, erzählte ich ihr von meinem neuen Buchprojekt. »Scones?«, fragte sie und war sofort Feuer und Flamme.

Sie hat ein Scones-Rezept von ihrer Mutter Sheila in ihrem Besitz. Die wiederum bekam es von ihrer Schwiegermutter, die auf der Isle of Oransay in Argyll lebte. Das Rezept muss mittlerweile gut und gerne 100 Jahre alt sein, meint Rachel, und sie ist sehr stolz darauf.

Aber sie habe dieses Grundrezept für sich ein wenig abgewandelt und ein Ei und Kirschen ergänzt – ein Scones-Rezept sei schließlich irgendwie wie ein *piobaireachd*. Ein *piobaireachd*? Ich bin des Gälischen nicht mächtig und so erklärt mir Rachel, was sie meint. Es handelt sich dabei um die alten, traditionellen Weisen für die *pipes*, den schottischen Dudelsack: »Du hast eine Grundstruktur, die Melodie als Basis. Die ändert sich nicht, aber jeder Piper hat seine eigene Art des Spielens, bringt seinen eigenen Ausdruck, seinen eigenen Klang ein. So hat jedes Stück einen unveränderten Kern, durch das Spiel erschafft jeder Piper aber seine eigene Version.«

Und genauso verhalte es sich mit ihrem Scones-Rezept: Der Stil der Scones bleibt unverändert, aber durch das Ergänzen von Ei und Kirschen bringt sie ein wenig mehr Fülle und Süße hinein. Ich frage sie, ob ich dieses Rezept für mein Buch bekommen kann. Aber ja, selbstverständlich, sie schickt es mir.

Und einige Tage später bekomme ich nicht nur das Rezept, sondern auch Handyvideos: Sie hat die Scones extra gebacken und zeigt mir, worauf es ankommt. »Don't over-knead!« betont sie mehrmals. Auf keinen Fall zu stark kneten! Und sie zeigt mir, wie sie ihre Kirsch-Scones am liebsten mag: mit Butter, Konfitüre und einer dicken Scheibe Käse!

CHERRY SCONES

Kirsch-Scones von Rachel MacNeill

FÜR 8 SCONES

260 g Weizenmehl
1 TL Natron
1 TL Weinsteinbackpulver
1 Prise Salz
etwas gemahlener Pfeffer
60 g Butter
1 Ei
4–6 EL Milch
120 g eingelegte oder glasierte Kirschen (Cocktailkirschen oder Belegkirschen)

ZUBEREITUNG

Den Ofen auf 200 °C Ober-/Unterhitze vorheizen.

Das Mehl mit dem Natron und Backpulver in eine Schüssel sieben, Salz und Pfeffer dazugeben. Die Butter mit den Fingern unter das Mehl reiben, bis es feinen Brotkrümeln ähnelt.

Das Ei aufschlagen und am Rand der Schüssel ins Mehl gleiten lassen. Mit einem Tafelmesser zunächst das Ei ein wenig aufschlagen, dann unter die Mehl-Butter-Mischung mengen. Mit dem Messer eine kleine Vertiefung in die Mitte machen, 3–4 EL Milch hineingeben und ebenfalls unterarbeiten.

Die Kirschen vierteln und mit dem Tafelmesser vorsichtig unter den Teig heben. Wenn nötig, etwas mehr Milch dazugeben.

Die Arbeitsfläche leicht bemehlen und den Teig darauf mit einem bemehlten Nudelholz etwa 2,5 cm dick ausrollen und Kreise ausstechen. Den letzten Rest vom Teig kann man einfach mit den Händen rund formen – *»into a scone for fairies and wee people …«*

Etwas Mehl auf ein Backblech streuen und die Scones daraufsetzen. Im vorgeheizten Backofen 12 Minuten backen, bis die Scones leichte Farbe angenommen haben und sich leicht anfühlen, wenn man sie vom Blech nimmt.

Mit Konfitüre und Butter oder frisch geschlagener Sahne servieren, nach Geschmack ergänzt um ein Stück Blauschimmelkäse.

TIPP

Dazu schmeckt wunderbar ein Islay-Whisky, wie zum Beispiel ein Kilchoman Loch Gorm oder ein Bruichladdich Black Art.

COCONUT SCONES

Kokosnuss-Scones

FÜR 12 SCONES

120 g Butter
500 g Weizenmehl
4 gehäufte TL Backpulver
1 Prise Salz
1 EL Zucker
100 g Kokosraspeln
Abrieb einer halben unbehandelten Zitrone
220 ml Kokosmilch
50 g weiße Schokolade
1–2 EL Kokosraspeln zum Dekorieren

ZUBEREITUNG

Den Backofen auf 190 °C Ober-/Unterhitze vorheizen und ein Backblech mit Backpapier auslegen.

Die kalte Butter in Würfel schneiden.

Das Mehl zusammen mit dem Backpulver in eine Schüssel sieben und mit Salz, Zucker und Kokosraspeln vermischen. Die Butter und den Zitronenabrieb dazugeben und mit den Fingerspitzen darunterreiben, bis eine krümelige Masse entsteht.

Die Kokosmilch dazugeben und mit einem Tafelmesser untermengen, je nach Konsistenz des Teiges 1–2 EL Kokosmilch ergänzen. Zum Schluss kurz mit einer Hand durchkneten.

Den Teig auf einer bemehlten Arbeitsfläche etwa 3 cm dick flach drücken und mit einem Ausstecher von 6 cm Durchmesser Kreise ausstechen. Die Teiglinge aufs Backblech setzen.

Im vorgeheizten Backofen etwa 15 Minuten goldbraun backen.
In der Zwischenzeit die Schokolade im Wasserbad schmelzen lassen.

Die Scones aus dem Ofen nehmen und auf ein Kuchengitter setzen.

Noch warm mit der Schokolade bestreichen und mit Kokosraspeln bestreuen.

Mit Butter oder mit Lemon Curd genießen.

WHISKY SOAKED SULTANA AND SALTED CARAMEL SCONES

Scones mit Whisky-Rosinen und Salzkaramell

FÜR 8 SCONES

50 g Rosinen
20 ml Whisky
50 g Butter
1 Ei
120 ml Milch
300 g Mehl
3 gehäufte TL Backpulver
1 EL Zucker
1 Prise Salz
1 EL Milch

Für die Karamellsauce
20 g Butter
40 g feiner Zucker
100 g Sahne
½ TL Salz

ZUBEREITUNG

Bereits am Vortag die Rosinen mit dem Whisky vermengen und in einem Glas oder einer Schüssel über Nacht durchziehen lassen. Dabei ein paarmal durchschütteln oder durchrühren.

Am Backtag den Backofen auf 200 °C Ober-/Unterhitze vorheizen und ein Backblech mit Backpapier auslegen.

Die kalte Butter in Würfel schneiden. Das Ei mit der Milch verquirlen.

Das Mehl zusammen mit dem Backpulver in eine Schüssel sieben und mit dem Zucker und dem Salz vermischen. Die Butter dazugeben und mit den Fingerspitzen darunterreiben, bis eine krümelige Masse entsteht. Die Eiermilch und die Whiskyrosinen dazugeben und alles mit einem Tafelmesser vermengen. Nach Bedarf etwas Milch ergänzen. Kurz noch mit der Hand durchkneten. Den Teig auf einer bemehlten Arbeitsfläche etwa 3 cm dick mit der Hand flach drücken und mit einem Ausstecher Kreise mit einem Durchmesser von 6 cm ausstechen. Die Teiglinge auf das Backblech setzen und mit Milch bestreichen. Im vorgeheizten Backofen etwa 20 Minuten goldbraun backen.

In der Zwischenzeit die Butter für die Karamellsauce in einem Topf schmelzen lassen, den Zucker und 2 EL Wasser hinzugeben und erhitzen. Unter Rühren das Wasser verdampfen und den Zucker kurz Farbe annehmen lassen. Er darf aber nicht zu dunkel werden und verbrennen. Die Sahne hinzugeben und unter Rühren köcheln lassen, bis die Sauce leicht andickt. Das Salz unterrühren und den Topf zum Abkühlen vom Herd nehmen.

Die fertigen Scones aus dem Ofen nehmen und auf einem Kuchengitter abkühlen lassen. Vor dem Servieren die Salzkaramellsauce darüberträufeln. Mit Butter servieren und auch gerne ein Glas Whisky dazu genießen.

RHUBARB STRAWBERRY SCONES

Rhabarber-Erdbeer-Scones

FÜR 10–12 SCONES

70 g Erdbeeren
70 g Rhabarber (fertig geputzt und geschält)
120 g Butter
500 g Weizenmehl
4 gehäufte TL Backpulver
120 g feiner Zucker
1 Prise Salz
150–200 ml Milch

Für die Glasur

100 g Puderzucker
2 EL Zitronensaft
optional 2–3 Erdbeeren zur Dekoration

ZUBEREITUNG

Den Backofen auf 190 °C Ober-/Unterhitze vorheizen und ein Backblech mit Backpapier auslegen.

Erdbeeren waschen, putzen und trockentupfen, Rhabarber putzen. Beides fein würfeln.

Die kalte Butter in Würfel schneiden.

Das Mehl zusammen mit dem Backpulver in eine Schüssel sieben und mit dem Zucker und dem Salz vermischen. Die Butter dazugeben und mit den Fingerspitzen darunterreiben, bis eine krümelige Masse entsteht. Rhabarber und Erdbeeren darunterheben.

Zunächst etwa 150 ml Milch dazugeben und mit einem Tafelmesser untermengen, je nach Konsistenz des Teiges etwas mehr Milch hinzufügen. Zum Schluss kurz mit einer Hand durchkneten.

Den Teig auf einer bemehlten Arbeitsfläche etwa 3 cm dick flach drücken und mit einem Ausstecher von 6 cm Durchmesser Kreise ausstechen. Die Teiglinge aufs Backblech setzen.

Im vorgeheizten Backofen 15–20 Minuten goldbraun backen. Aus dem Ofen nehmen und die Scones auf einem Kuchengitter etwas auskühlen lassen.

In der Zwischenzeit den Puderzucker mit dem Zitronensaft glattrühren. Den Guss auf den Scones verteilen und nach Belieben mit Erdbeerscheiben dekorieren.

Die Scones mit Butter oder *clotted cream* servieren.

VICTORIA SCONES

Victoria-Scones

Aufgrund des Namens könnte man vermuten, dass diese Scones schon von Queen Victoria geliebt wurden. Allerdings tauchte das Rezept das erste Mal offiziell im »Be-Ro Book« auf, dem Backbuch eines britischen Mehlproduzenten, und das wurde erstmalig 1923 veröffentlicht. Queen Victoria starb 1901. Aber wer weiß, vielleicht wurde es ja davor mündlich überliefert? Diese Scones seien es wert, einer Königin serviert zu werden, meinte Be-Ro, und ihr Aussehen ist ja auch wahrhaft königlich, symbolisieren die Kirschen doch die Juwelen in der Krone.

FÜR 4 GROSSE SCONES

100–150 ml Milch
1 Ei
50 g Butter
250 g Weizenmehl
2 gehäufte TL Backpulver
1 kräftige Prise Salz
50 g Zucker
8 glasierte Kirschen

ZUBEREITUNG

Den Backofen auf 200 °C Ober-/Unterhitze vorheizen und ein Backblech mit Backpapier auslegen.

100 ml Milch mit dem Ei verquirlen. Die kalte Butter in Würfel schneiden.

Das Mehl zusammen mit dem Backpulver in eine Schüssel sieben und mit dem Salz und dem Zucker vermischen. Die Butter dazugeben und mit den Fingerspitzen darunterreiben, bis eine krümelige Masse entsteht.

Die Eiermilch dazugeben und mit einem Tafelmesser untermengen. Nach Bedarf etwas mehr Milch hinzufügen und den Teig dann kurz mit der Hand durchkneten.

Den Teig vierteln und jedes Teil mit leicht bemehlten Händen zu Kugeln formen. Auf das Backblech setzen, etwas flach drücken und mit Milch bestreichen. Jeden Scone mit einem sehr scharfen Messer über Kreuz einschneiden.

Die Kirschen halbieren. Jeweils vier Hälften pro Scone mit der Schnittstelle nach unten auf die Scones drücken.

Im vorgeheizten Backofen 15 Minuten backen. Das Blech aus dem Ofen nehmen und die Scones auf einem Kuchengitter etwas abkühlen lassen.

Am besten sofort warm mit etwas Butter oder *clotted cream* und Konfitüre genießen. Die Scones werden entweder im Ganzen serviert und am Tisch in Portionen gebrochen, oder bereits in kleinen Vierteln angeboten.

SPICY TREACLE SCONES

Sirup-Gewürz-Scones

FÜR 10–12 SCONES

120 ml Milch
3 EL dunkler Rübensirup
140 g Butter
500 g Mehl
4 gehäufte TL Backpulver
1 Prise Salz
1 TL gemahlener Ingwer
2 TL Mixed-Spice-Gewürzmischung
2 EL Milch

ZUBEREITUNG

Den Backofen auf 200 °C Ober-/Unterhitze vorheizen und ein Backblech mit Backpapier auslegen.

Die Milch mit dem Sirup in einem Topf ganz leicht erwärmen und verrühren, bis sich der Sirup aufgelöst hat. Zum Abkühlen vom Herd nehmen.

Die kalte Butter in Würfel schneiden.

Das Mehl zusammen mit dem Backpulver in eine Schüssel sieben und mit dem Salz und den Gewürzen vermischen. Die Butter dazugeben und mit den Fingerspitzen darunterreiben, bis eine krümelige Masse entsteht.

Die Sirupmilch dazugeben und alles mit einem Tafelmesser vermengen. Nach Bedarf etwas mehr Milch hinzugeben. Kurz mit einer Hand durchkneten.

Den Teig auf einer bemehlten Fläche mit der Hand etwa 3 cm dick flach drücken. Teiglinge von 6 cm Durchmesser ausstechen, auf das Backblech setzen und mit Milch bestreichen.

Im vorgeheizten Backofen 12–15 Minuten backen. Die Scones aus dem Ofen nehmen, auf einem Gitter etwas auskühlen lassen und am besten noch lauwarm mit etwas Butter genießen.

TIPP

***Mixed Spice* kann man als Gewürzmischung kaufen, aber auch einfach selbst mischen und dabei nach Geschmack variieren. Vorschlag: 2 TL gem. Zimt, 2 TL gem. Muskat, ½ TL gem. Gewürznelke, ½ TL gem. Koriander, ½ TL gem. Piment.**

SCONES CHOCO BALLS (UPCYCLING OF SCONES)

Scones-Schokokugeln (Resteverwertung von altbackenen Scones)

Scones schmecken am besten frisch. Natürlich kann man sie auch noch am Folgetag genießen, indem man sie am besten im Backofen oder in der Mikrowelle kurz auffrischt. Eine beliebte Resteverwertung für Rührkuchen und anderes Gebäck ist die Herstellung von Rumkugeln. Warum nicht auch das gleiche Prinzip auf altbackene Scones anwenden? »Upcycling« ist schließlich absolut angesagt. Für das folgende Rezept kann man fast jede Scone-Variante verwenden, nur herzhafte mit Lauch, Champignons oder anderen Zutaten eignen sich wohl nicht so gut. Rum oder Whisky kann man für alkoholfreie Varianten einfach weglassen oder man greift zur Aromatisierung zu einer anderen Zutat, beispielsweise zu Minzlikör oder -sirup.

FÜR 35–40 KUGELN

100 g Zartbitterschokolade
40 g Butter
optional 4 cl Rum oder Whisky, etwas Vanillearoma o.a.
300 g Scones

Zum Dekorieren
nach Belieben Kakaopulver, Kokosraspeln, Krokant o. ä.

ZUBEREITUNG

Die Schokolade in einer Schüssel im Wasserbad schmelzen. Die Butter dazugeben und unterrühren.

Die Scones mit den Fingern zerkrümeln und zur Schokolade geben, ebenso nach Belieben Rum, Whisky oder andere Aromageber. Alles gut verkneten. Mit einem Teelöffel kleine Portionen abstechen und zwischen den Handflächen etwa walnussgroße Kugeln rollen. Wenn die Masse zu klebrig ist, am besten eine Weile in den Kühlschrank stellen.

Die Kugeln kann man nach Belieben durch Wälzen in Kakaopulver, Kokosraspeln oder Krokant aufhübschen.

MULL OF GALLOWAY

Scones mit Aussicht

Ganz unten an der Spitze der Halbinsel Rhins of Galloway befindet sich der südlichste Punkt Schottlands, das Mull of Galloway. Auf den beeindruckenden Klippen thront seit 1830 ein Leuchtturm, der ein beliebtes Ausflugsziel und Fotomotiv für Touristen ist. Vor ein paar Jahren erlangte er besondere Bekanntheit als Drehort des Films *The Vanishing* (deutsch: *Keepers – Die Leuchtturmwärter*) mit Gerard Butler.

Bei einer Küstenwanderung entdeckten wir ein weiteres Gebäude, das seit Kurzem unweit des Leuchtturms ebenfalls Besucher anzieht. Es ist das *Gallie Craig Coffee House*, das hier 2004 eröffnet wurde. Ein grasbedecktes Dach lässt es von weitem optisch mit dem Fels verschmelzen. Durch das Teleobjektiv lässt sich eine große Terrasse erkennen – wie atemberaubend muss der Blick auch von dort hier herüber wohl sein.

Es ist natürlich keine Frage, wo unsere Wanderung endet, und meine Hoffnung, dass auch Scones angeboten werden, erfüllt sich tatsächlich. Tee und Scones und eine sonnenbeschienene Terrasse mit fantastischem Ausblick – mehr muss ich doch eigentlich gar nicht erzählen, oder? Manchmal sagen Bilder genug.

COFFEE HOUSE & GIFT SHOP

Please
Order
ALL
Food & Drink
HERE

Einfach

herzhaft

SOUR SKONS

Saure Scones

Bei der Recherche in alten Kochbüchern stieß ich auf dieses Sour-Skon-Rezept. Es stamme von Orkney und Shetland, hieß es in meiner Quelle, und durch die dänische Vergangenheit der heute schottischen Inseln erscheint mir die Schreibweise »Skon« sehr plausibel. Neugierig suchte ich im Internet nach weiteren Hinweisen und fand tatsächlich einige Verweise zu Sour Skons in weiteren Büchern, unter anderem im **Etymological Dictionary of the Scottish Language** ***von John Jamieson, 1825:*** *»A thin cake baked of oat-meal steeped in water till it become sour.«* ***In den überlieferten und veröffentlichten Rezepten werden dann aber statt Wasser meist Buttermilch oder Sahne verwendet. Wer möchte einmal auf historischen Haferflockenpfaden wandeln?***

FÜR 6 SCONES

225 g Haferflocken
260–280 g Buttermilch
225 g Weizenmehl
4 gehäufte TL Backpulver
½ TL Salz
1 TL Kümmelsamen

ZUBEREITUNG

Die Haferflocken mit der Buttermilch verrühren und abgedeckt 2–3 Tage kühl stellen. Täglich einmal durchrühren. Es ist ein sehr dicker Brei.

Am Backtag den Backofen auf 190 °C Ober-/Unterhitze vorheizen und ein Backblech mit Backpapier auslegen.

Alle anderen Zutaten in einer Rührschüssel vermischen, die Haferflockenmasse dazugeben und alles mit einem Tafelmesser vermengen, dann mit der Hand kurz durchkneten. Wenn die Masse zu bröselig ist, noch etwas Buttermilch ergänzen.

Den Teig auf dem Backblech zu einem Kreis von etwa 2 cm Höhe formen und flach drücken, dann mit einem Messer tortenähnlich einschneiden, sodass es sechs Segmente ergibt. Den Schnitt aber nicht bis zum Boden führen, die Teile sollten sich nicht voneinander lösen. (Dies ist die traditionelle Form der Zubereitung, Sie können die Scones natürlich auch herkömmlich rund ausstechen.)

Teigling im Backofen 15–20 Minuten goldbraun backen. Aus dem Ofen nehmen und den Sour Skon auf einem Kuchengitter etwas auskühlen lassen.

Mit Butter zu Suppe oder zum Vesper servieren und bei Tisch in Stücke brechen.

TIPP

Wer eine süße Variante zu Butter oder *cream* und Konfitüre bevorzugt, lässt den Kümmel weg (der aber tatsächlich in den historischen Rezepten auftaucht) und ergänzt 1 EL Zucker.

BLUE CHEESE AND WALNUT SCONES

Scones mit Blauschimmelkäse und Walnüssen

FÜR 10–12 SCONES

150 g Butter
120 g Blauschimmelkäse
600 g Weizenmehl
4 gehäufte TL Backpulver
1 Prise Salz
80 g Walnusskerne, grob gemahlen
180–220 ml Milch
1 Eigelb
1 TL Milch zum Bestreichen

ZUBEREITUNG

Den Backofen auf 200 °C Ober-/Unterhitze vorheizen und ein Backblech mit Backpapier auslegen.

Die kalte Butter in Würfel schneiden. Den Käse mit einer Gabel zerkrümeln.

Das Mehl zusammen mit dem Backpulver in eine Schüssel sieben und mit dem Salz vermischen. Die Butter dazugeben und mit den Fingerspitzen darunterreiben, bis eine krümelige Masse entsteht, dann den Käse und die gemahlenen Walnüsse untermengen.

Zunächst etwa 180 ml Milch dazugeben und mit einem Tafelmesser untermengen, je nach Konsistenz des Teiges etwas mehr Milch hinzufügen und kurz mit der Hand durchkneten, bis der Teig geschmeidig, aber nicht zu glatt ist.

Den Teig auf einer bemehlten Arbeitsfläche mit der Hand etwa 3 cm dick flach drücken und mit einem Ausstecher Kreise mit einem Durchmesser von 7 cm ausstechen. Die Teiglinge auf das Backblech setzen.

Das Eigelb mit 1 TL Milch verquirlen und die Teiglinge damit bestreichen.

Im vorgeheizten Backofen etwa 15 Minuten goldbraun backen. Das Blech aus dem Ofen nehmen und die Scones auf einem Kuchengitter abkühlen lassen.

Am besten noch lauwarm mit Butter genießen. Zu den Blauschimmel-Scones passt wunderbar Birnen- oder Apfelgelee. Alternativ lassen sie sich auch als Beilage zu Bittersalaten wie Frisée oder Radicchio reichen.

TIPP

Wenn diese Scones als Beilage zum Salat, zu einer Suppe oder als Bereicherung eines Buffets bestimmt sind, bietet es sich an, sie etwas dünner auszurollen und kleiner auszustechen. Dann muss die Backzeit natürlich etwas reduziert werden.

GINGER SCONES

Ingwer-Scones

FÜR 10–12 SCONES

1 Stück frischer Ingwer, etwa 50 g
120 g Butter
500 g Mehl
4 gehäufte TL Backpulver
¼ TL Salz
150–180 ml Milch
2 EL dunkler Rübensirup
2 EL Milch zum Bestreichen

ZUBEREITUNG

Den Backofen auf 200 °C Ober-/Unterhitze vorheizen und ein Backblech mit Backpapier auslegen.

Den Ingwer schälen und fein reiben. Die kalte Butter in Würfel schneiden.

Das Mehl zusammen mit dem Backpulver in eine Schüssel sieben und mit dem Salz vermischen. Die Butter und den Ingwer dazugeben und mit den Fingerspitzen darunterreiben, bis eine krümelige Masse entsteht.

150 ml Milch und den Rübensirup in einem kleinen Topf zusammen leicht erwärmen, bis sich der Sirup gelöst hat. Die Flüssigkeit zum Teig dazugeben und alles mit einem Tafelmesser vermengen. Nach Bedarf etwas mehr Milch hinzugeben. Kurz mit einer Hand durchkneten, bis ein geschmeidiger, aber nicht zu glatter Teig entsteht. Den Teig auf einer bemehlten Fläche mit der Hand etwa 3 cm dick flach drücken. Teiglinge von 6 cm Durchmesser ausstechen, sie mit Milch bestreichen und auf das Backblech setzen.

Im vorgeheizten Backofen 12–15 Minuten backen. Die Scones aus dem Ofen nehmen, auf einem Gitter etwas auskühlen lassen und am besten noch lauwarm mit etwas Butter genießen.

TIPP

Schmecken auch sehr gut als Beilage zu einer Kürbissuppe.

CHEESE AND CRANBERRY SCONES

Käse-Cranberry-Scones

FÜR 12 SCONES

100 g Blauschimmelkäse
100 g Cheddar
100 g frische oder getrocknete Cranberrys
1 Ei
120 g Butter
450 g Weizenmehl
4 gehäufte TL Backpulver
1 Prise Salz
150–180 ml Milch
1 EL Milch

ZUBEREITUNG

Den Backofen auf 200 ° C Ober-/Unterhitze vorheizen und ein Backblech mit Backpapier belegen.

Den Blauschimmelkäse mit einer Gabel zerbröckeln, den Cheddar grob reiben. Wer sehr große Cranberrys zur Verfügung hat, sollte sie halbieren.

Die kalte Butter in Würfel schneiden oder grob raspeln.

Das Mehl zusammen mit dem Backpulver in eine Schüssel sieben und mit dem Salz vermischen. Die Butter dazugeben und mit den Fingerspitzen darunterreiben, bis eine krümelige Masse entsteht. Den Käse und die Beeren daruntermengen.

Zunächst etwa 150 ml Milch dazugeben und vorsichtig unterkneten, je nach Konsistenz des Teiges nach und nach mehr Milch hinzufügen, bis der Teig geschmeidig, aber nicht zu glatt ist.

Den Teig auf einer bemehlten Arbeitsfläche etwa 3 Zentimeter dick flach drücken und mit einem Ausstecher von 6 Zentimeter Durchmesser Kreise ausstechen. Die Teiglinge aufs Backblech setzen und mit etwas Milch bepinseln.

Im Backofen 15 – 20 Minuten goldbraun backen. Aus dem Ofen nehmen und die Scones auf einem Kuchengitter etwas auskühlen lassen.

Die Käse-Cranberry-Scones noch warm mit Butter servieren.

LEEK SCONES

Lauch-Scones

FÜR 10 SCONES

1 mittelgroße Stange Lauch (etwa 300 g)
1 EL Butter
120 g Butter
500 g Weizenmehl
4 gehäufte TL Backpulver
½ TL Salz
200–250 ml Milch

ZUBEREITUNG

Den Lauch putzen, waschen, mit Küchenpapier trockentupfen und fein würfeln.

1 EL Butter in einer Pfanne erhitzen und den Lauch darin unter gelegentlichem Rühren 3–4 Minuten anbraten. Er sollte aber keine Farbe annehmen. Den Lauch vom Herd nehmen und abkühlen lassen.

Den Backofen auf 200 °C Ober-/Unterhitze vorheizen und ein Backblech mit Backpapier auslegen.

Die kalte Butter in Würfel schneiden.

Das Mehl zusammen mit dem Backpulver in eine Schüssel sieben und mit dem Salz vermischen. Die Butter dazugeben und mit den Fingerspitzen darunterreiben, bis eine krümelige Masse entsteht. Den abgekühlten Lauch dazugeben und untermengen.

Zunächst etwa 200 ml Milch dazugeben und mit einem Tafelmesser untermengen, je nach Konsistenz des Teiges etwas mehr Milch hinzufügen, bis der Teig geschmeidig, aber nicht zu glatt ist.

Den Teig auf einer bemehlten Arbeitsfläche etwa 3 cm dick mit der Hand flach drücken. Mit einem Ausstecher von 6 cm Durchmesser Kreise ausstechen. Die Teiglinge aufs Backblech setzen und mit etwas Milch bestreichen.

Im vorgeheizten Backofen 15–20 Minuten goldbraun backen. Aus dem Ofen nehmen und die Scones auf einem Kuchengitter auskühlen lassen.

Die Lauch-Scones mit Butter servieren. Sie passen wunderbar als Beilage zu Suppen oder zu Wurst- und Käseplatten.

BEETROOT SCONES

Rote-Bete-Scones

FÜR 20 SCONES

200 g gekochte rote Beten
50 g Butter
250 g Weizenmehl
3 gehäufte TL Backpulver
¼ TL Salz
3–4 EL Milch

ZUBEREITUNG

Den Backofen auf 200 °C Ober-/Unterhitze vorheizen und ein Backblech mit Backpapier auslegen.

Die roten Beten reiben oder fein würfeln. Die kalte Butter in Würfel schneiden.

Das Mehl zusammen mit dem Backpulver in eine Schüssel sieben und mit dem Salz vermischen. Die Butter dazugeben und mit den Fingerspitzen darunterreiben, bis eine krümelige Masse entsteht. Die roten Beten mit einem Tafelmesser untermengen.

Nach Bedarf etwas Milch dazugeben und alles mit der Hand kurz zu einem geschmeidigen, aber nicht zu feuchten Teig verkneten. (Wegen der Färbung durch die roten Beten empfiehlt es sich, Handschuhe zu tragen.)

Den Teig auf einer bemehlten Fläche etwa 2 cm dick flach drücken. Teiglinge von 4 cm Durchmesser ausstechen, auf das Backblech setzen und mit etwas Milch bestreichen.

Im vorgeheizten Backofen 12–15 Minuten backen.

Das Blech aus dem Ofen nehmen, die Scones auf einem Gitter etwas auskühlen lassen und am besten noch lauwarm mit etwas Butter genießen. Die Scones schmecken auch sehr gut als Beilage zu Suppe.

TIPP

Für eine herzhaftere Variante kann man auch zusätzlich 1–2 TL Meerrettich zum Teig ergänzen.

CARROT SCONES

Karotten-Scones

FÜR 12 SCONES

125 g Butter
150 g Karotten
500 g Weizenmehl
4 gehäufte TL Backpulver
¼ TL Salz
1 gehäufte TL gem. Koriander
½ TL gem. Kreuzkümmel
120–200 ml Milch

ZUBEREITUNG

Den Backofen auf 190 °C Ober-/Unterhitze vorheizen und ein Backblech mit Backpapier auslegen.

Die Karotten schälen und fein reiben. Die kalte Butter in Würfel schneiden.

Das Mehl zusammen mit dem Backpulver in eine Schüssel sieben und mit dem Salz und den Gewürzen vermischen. Die Butter dazugeben und mit den Fingerspitzen darunterreiben, bis eine krümelige Masse entsteht. Die Karotten ebenfalls unterarbeiten.
Zunächst 120 ml Milch zum Teig dazugeben und alles mit einem Tafelmesser vermengen. Je nachdem, wie frisch und feucht die Karotten sind, reicht diese Menge Flüssigkeit, sonst gegebenenfalls etwas Milch ergänzen. Zum Schluss kurz mit der Hand durchkneten.

Den Teig auf einer bemehlten Fläche etwa 3 cm dick mit der Hand flach drücken. Teiglinge von 6 cm Durchmesser ausstechen, auf das Backblech setzen und mit etwas Milch bestreichen.

Im vorgeheizten Backofen 15 Minuten backen, bis die Scones goldbraun werden.

Das Blech aus dem Ofen nehmen, die Scones auf einem Gitter etwas auskühlen lassen und am besten noch lauwarm mit etwas Butter genießen.

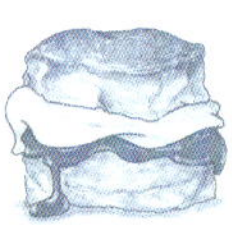

TIPP

Die Karotten-Scones schmecken sehr gut als Beilage zu einer Kartoffel- oder Gemüsesuppe.

FETA AND SPRING ONION SCONES

Scones mit Feta und Frühlingszwiebeln

FÜR 12 SCONES

3 Frühlingszwiebeln
200 g Feta
2 Eier
6 EL Buttermilch
1 Knoblauchzehe
150 g Butter
450 g Weizenmehl
4 gehäufte TL Backpulver
¼ TL Salz
1 Prise Pfeffer
2 EL Milch zum Bestreichen

ZUBEREITUNG

Den Backofen auf 200 ° C Ober-/Unterhitze vorheizen und ein Backblech mit Backpapier belegen.

Die Frühlingszwiebeln putzen, waschen, mit Küchenpapier trockentupfen und in feine Ringe schneiden. Den Feta fein würfeln oder mit einer Gabel fein zerrupfen. Knoblauchzehe putzen und durchpressen.

Die Eier mit der Buttermilch und dem Knoblauch verquirlen.
Die kalte Butter in Würfel schneiden.

Das Mehl zusammen mit dem Backpulver in eine Schüssel sieben und mit Salz und Pfeffer vermischen. Die Butter dazugeben und mit den Fingerspitzen darunterreiben, bis eine krümelige Masse entsteht.

Die Frühlingszwiebeln und den Feta dazugeben und ebenfalls unterarbeiten. Die Eiermilch dazugeben und alles mit einem Tafelmesser vermengen. Bei Bedarf eventuell etwas Milch ergänzen und alles mit der Hand kurz durchkneten.

Den Teig auf einer bemehlten Arbeitsfläche etwa 3 Zentimeter dick mit der Hand flach drücken und mit einem Ausstecher von 6 Zentimeter Durchmesser Kreise ausstechen. Die Teiglinge aufs Backblech setzen und mit Milch bestreichen.

Im vorgeheizten Backofen etwa 20 Minuten goldbraun backen. Aus dem Ofen nehmen und die Scones auf einem Kuchengitter auskühlen lassen.

Die Scones mit Butter oder Quark servieren. Sie passen auch wunderbar als Beilage zu Suppen oder zu Wurst- und Käseplatten.

OLD POST OFFICE AUF MULL

Scones backen mit Flora

Eine ganz besondere Scones-Begegnung erlebte ich, wo ich sie nie erwartet hätte. Am Loch Buie auf der Insel Mull, gefühlt irgendwo am Ende der Welt, aß ich die ersten Seaweed Scones meines Lebens. Und ich konnte sie nicht nur genießen, sondern sogar beim Backen dabei sein.

Ich war mit meinem Mann eine Woche zum Wandern und Entspannen auf Mull und nach einigen Tagen im Norden der Insel und einem Ausflug nach Iona wollten wir uns noch im Süden umschauen. Ein Stellplatzführer verhieß einen kleinen Wohnmobilstellplatz am Ende einer Straße. Wer Schottland kennt, der weiß, dass »Straßen« sich dort oft sehr eng und uneben präsentieren. Als wir nach einigen abenteuerlichen Meilen am Loch Buie ankamen, staunten wir nicht schlecht: Auf einem Parkplatz vor einem kleinen Häuschen parkten etliche Autos.

The *Old Post Office* ist ein kleiner Coffee- und Teashop, von dem aus auch der unweit gelegene Wohnmobilstellplatz betrieben wird. Neben Kuchen bietet er auch Suppen, kleine Snacks und seit einiger Zeit *lunch to take away* an. Früher gab es hier nur eine kleine Holzhütte mit einem minimalen Verkaufsangebot. Dann übernahm Flora Corbett das *Old Post Office* und ließ ein größeres Gebäude mit Sitzplätzen dazubauen, das sich mittlerweile zu einem rege besuchten Café entwickelt hat. Nicht nur Touristen wie wir verirren sich hierher, auch viele Bewohnerinnen und Bewohner der Umgebung freuen sich über diese Möglichkeit, hier ihre *tea time* zu genießen, ein *ready meal* aus regionalen Zutaten abzuholen und natürlich ein kleines Schwätzchen zu halten.

»Seaweed Scones« verhieß ein Schild. Seetang? Nachdem unser Wohnmobil angemeldet war, ließen mein Mann und ich uns neugierig im Café nieder, übrigens mit fantastischer Aussicht über den Loch Buie. Ich war begeistert von den aromatischen

Scones und fragte die beiden Damen hinter dem Tresen, woher sie ihre Backwaren denn bekämen. Die backe sie jeden Morgen selbst, wie auch alle anderen angebotenen Kuchen, meinte eine der beiden, die sich als die Besitzerin Flora Corbett herausstellte. Ich erzählte ihr von meinem Buchprojekt und dass ich unbedingt ihr Rezept mit aufnehmen müsse. Ein Rezept? Na ja, so richtig gebe es das nicht, sie habe nichts Niedergeschriebenes. Aber wenn ich am nächsten Morgen kommen wolle, dann könnte ich die Scones mitbacken und mir dabei die verwendeten Zutaten und Mengen notieren.

Ein solche Einladung konnte ich natürlich unmöglich abschlagen und so stand ich am nächsten Morgen mit Flora in der kleinen Koch- und Backnische hinter dem Verkaufstresen des *Old Post Office*. Fruit Scones und dann speziell für mich Seaweed Scones standen auf dem Programm. Unkompliziert und wie daheim in der eigenen Küche wurde gewerkelt und ich bekam auch hier immer wieder das magische »Don't overknead!« zu hören, das die oberste Prämisse jeder Scones-Bäckerei ist. Diese Anweisung gebe ich natürlich ebenso gerne weiter wie das Rezept für die Seaweed Scones.

CHEESE SEAWEED SCONES

Käse-Seetang-Scones von Flora Corbett

Das Seaweed Chutney ist eine Spezialität des kleinen Unternehmens Isle of Mull Seaweed in Tobermory. Nach Deutschland wird es nicht exportiert, soviel ich weiß. Sie können alternativ auch ein Kräuter- oder Koriander-Chutney verwenden oder greifen zu einem Basilikum-Pesto.

FÜR 6 GROSSE SCONES

350 g Weizenmehl
3 gehäufte TL Backpulver
60 g Isle of Mull Seaweed Chutney
120 g Isle of Mull Cheese (oder würziger Cheddar), gerieben
100–120 g Naturjoghurt
etwas geriebener Käse zum Bestreuen

ZUBEREITUNG

Den Ofen auf 220 °C Ober-/Unterhitze vorheizen.
Das Mehl mit dem Backpulver und dem Käse vermengen. Das Chutney dazugeben und nach und nach so viel Joghurt unterarbeiten, dass es einen formbaren, aber nicht zu weichen Teig ergibt. Nicht zu stark kneten, betont Flora.

Den Teig auf der bemehlten Arbeitsfläche flach drücken, Scones ausstechen und auf das Backblech setzen. Mit etwas geriebenem Käse bestreuen.

In den vorgeheizten Backofen schieben und 8 Minuten bei 220 °C backen, dann nochmals etwa 7 Minuten bei 180 °C.

Aus dem Backofen nehmen und abkühlen lassen. Die Scoense mit Butter servieren.

GINGER BEER SCONES

Ingwerbier-Scones

FÜR 10 SCONES

120 g Sahne mit hohem Fettgehalt
120 ml Ginger Beer
1 gehäufte TL Ingwerpulver
1 EL Zucker
1 Prise Salz
300 g Mehl
2 gehäufte TL Backpulver
2 EL Milch zum Bestreichen

ZUBEREITUNG

Den Backofen auf 200 °C Ober-/Unterhitze vorheizen und ein Backblech mit Backpapier auslegen.

Sahne, Ginger Beer, Ingwerpulver, Zucker und Salz in einer Schüssel verrühren.

Mehl und Backpulver dazu sieben und mit einem Tafelmesser unter die Flüssigkeit mengen. Den Teig auf eine bemehlte Fläche geben und leicht mit der Hand durchkneten, eventuell etwas Mehl dazugeben, wenn der Teig zu sehr klebt.

Den Teig mit der Hand etwa 3 cm dick flach drücken. Teiglinge von 6 cm Durchmesser ausstechen, mit Milch bestreichen und auf das Backblech setzen.

Im vorgeheizten Backofen etwa 15 Minuten backen. Die Scones aus dem Ofen nehmen, auf einem Gitter etwas auskühlen lassen und am besten noch lauwarm mit etwas Butter oder *clotted cream* und Konfitüre genießen.

TIPP

Ginger Beer Scones schmecken auch sehr gut als Beilage zu einer Kürbissuppe.

MUSHROOM AND CHEESE SCONES

Scones mit Pilzen und Käse

FÜR 12–15 SCONES

500 g Champignons
1–2 EL Olivenöl
1 Bund Schnittlauch
250 g Cheddar
120 g Butter
500 g Weizenmehl
4 gehäufte TL Backpulver
½ TL Salz
1 kräftige Prise Pfeffer
1 EL Senfpulver
200–250 ml Milch

ZUBEREITUNG

Den Backofen auf 200 °C Ober-/Unterhitze vorheizen und ein Backblech mit Backpapier auslegen.

Die Champignons putzen und in feine Scheiben schneiden. Etwas Olivenöl in einer Pfanne erhitzen und die Pilze darin braten, bis sie ihre Flüssigkeit abgegeben und Farbe angenommen haben. Je nach Größe der Pfanne erledigt man das am besten in zwei oder drei Durchgängen, damit nicht zu viele Pilze in der Pfanne sind und sie durch das austretende Wasser anfangen zu köcheln. Die Pfanne vom Herd nehmen und die Pilze auf Küchenkrepp abkühlen lassen. Zusätzlich mit Küchenkrepp trockentupfen.

Den Schnittlauch waschen, trockentupfen und in feine Röllchen schneiden. Den Cheddar fein reiben. Etwa 30–40 Gramm zum Bestreuen der Scones beiseitestellen.

Die kalte Butter in Würfel schneiden.

Das Mehl zusammen mit dem Backpulver in eine Schüssel sieben und mit Salz, Pfeffer und Senfpulver vermischen. Die Butter dazugeben und mit den Fingerspitzen darunterreiben, bis eine krümelige Masse entsteht. Die abgekühlten Champignons, den Schnittlauch und den Großteil des Cheddars dazugeben und mit den Fingern untermengen, bis alles gleichmäßig verteilt ist. Zunächst etwa 200 ml Milch dazugeben und alles mit einem Tafelmesser vermengen. Je nach Konsistenz des Teiges etwas mehr Milch hinzufügen, bis der Teig geschmeidig, aber nicht zu weich ist.

Den Teig auf einer bemehlten Arbeitsfläche etwa 3 cm dick mit der Hand flach drücken. Mit einem Ausstecher von 6 cm Durchmesser Kreise ausstechen. Die Teiglinge aufs Backblech setzen und mit dem zurückbehaltenen Cheddar bestreuen.

Im vorgeheizten Backofen 15–20 Minuten goldbraun backen. Aus dem Ofen nehmen und auf einem Kuchengitter auskühlen lassen.

Die Scones mit Butter oder Frischkäse servieren. Sie passen wunderbar als Beilage zu Suppen oder zu Wurst- und Käseplatten.

HAM AND CHEESE SCONES

Schinken-Käse-Scones

FÜR 10–12 SCONES

220 g Kochschinken
200 g Cheddar
200 g Butter
500 g Weizenmehl
4 geh. TL Backpulver
¼ TL Salz
1 Ei
100–150 g Buttermilch
2 EL Milch zum Bestreichen

ZUBEREITUNG

Den Backofen auf 200 °C Ober-/Unterhitze vorheizen und ein Backblech mit Backpapier auslegen.

Den Kochschinken fein würfeln, den Cheddar fein reiben. Die kalte Butter in Würfel schneiden.

Das Mehl zusammen mit dem Backpulver in eine Schüssel sieben und mit dem Salz vermischen. Die Butter dazugeben und mit den Fingerspitzen darunterreiben, bis eine krümelige Masse entsteht. Das Ei mit 100 g Buttermilch verquirlen.

Kochschinken und Käse dazugeben und ebenfalls unterarbeiten. Die Eiermilch dazugeben und alles mit einem Tafelmesser vermengen. Bei Bedarf etwas Buttermilch ergänzen und alles mit der Hand kurz durchkneten.

Den Teig auf einer bemehlten Arbeitsfläche etwa 3 cm dick mit der Hand zu einem großen Kreis flach drücken. Tortenförmig in 10–12 Dreiecke schneiden und einzeln aufs Backblech setzen.

Die Triangel-Scones mit Milch bestreichen und im vorgeheizten Backofen etwa 20 Minuten goldbraun backen. Aus dem Ofen nehmen und die Scones auf einem Kuchengitter etwas abkühlen lassen.

Am besten noch leicht warm servieren.

TIPP

Wer möchte, kann die Scones vor dem Backen zusätzlich noch mit etwas geriebenem Cheddar bestreuen.

BACON AND ALE SCONES

Scones mit Bacon und Ale

FÜR 12–16 SCONES

150 g Zwiebeln
1 EL Pflanzenöl
120 g Bacon
150 g Cheddar
500 g Weizenmehl
4 gehäufte TL Backpulver
1 Prise Salz
1 kräftige Prise Pfeffer
1 TL Senfpulver
350 ml Dark Ale (dunkles Bier)

ZUBEREITUNG

Den Backofen auf 200 °C Ober-/Unterhitze vorheizen und ein Backblech mit Backpapier auslegen.

Die Zwiebeln putzen und fein würfeln. Das Öl in einer heißen Pfanne erhitzen und die Zwiebeln darin braten, bis sie glasig sind. Zum Abkühlen vom Herd nehmen.

Den Bacon fein würfeln, den Cheddar fein reiben. Etwa 30 g des Cheddar beiseitestellen.

Mehl und Backpulver in eine Schüssel sieben. Zwiebeln, Bacon, Cheddar, Gewürze und Ale dazugeben und alles gründlich mit einem Tafelmesser vermengen. Zum Schluss kurz mit der Hand durchkneten. Je nach Beschaffenheit des Teiges etwas Ale oder Mehl ergänzen.

Den Teig in zwei Portionen aufteilen. Auf einer bemehlten Arbeitsfläche mit der Hand jeweils 2 cm dick zu einem Kreis flach drücken und tortenförmig jeweils in sechs bis acht Dreiecke schneiden. Die Teiglinge aufs Backblech setzen und mit dem zurückbehaltenen Cheddar bestreuen.

Im vorgeheizten Backofen 15 Minuten goldbraun backen. Aus dem Ofen nehmen und auf einem Kuchengitter auskühlen lassen.

Die Scones mit Butter oder Frischkäse servieren. Sie sind auch eine wunderbare Zwischenmahlzeit oder anstelle von Brot bei einer rustikalen Vesper zu genießen.

HORSERADISH SCONES

Meerrettich-Scones

FÜR 10 SCONES

60 g Butter
1 Ei
4 EL Milch
250 g Mehl
2 gehäufte TL Backpulver
¼ TL Salz
3 TL Meerrettich, gerieben
1 EL Milch zum Bestreichen

ZUBEREITUNG

Den Backofen auf 200 °C Ober-/Unterhitze vorheizen und ein Backblech mit Backpapier auslegen.

Die kalte Butter in Würfel schneiden. Das Ei mit der Milch verquirlen.

Das Mehl zusammen mit dem Backpulver in eine Schüssel sieben und mit dem Salz vermischen. Die Butter und den Meerrettich dazugeben und mit den Fingerspitzen darunterreiben, bis eine krümelige Masse entsteht. Die Eiermilch dazugeben und alles mit einem Tafelmesser vermengen. Nach Bedarf etwas mehr Milch hinzugeben. Kurz mit einer Hand durchkneten, bis ein geschmeidiger, aber nicht zu glatter Teig entsteht.

Den Teig auf einer bemehlten Fläche mit der Hand etwa 3 cm dick flach drücken. Teiglinge von 6 cm Durchmesser ausstechen, mit Milch bestreichen und auf das Backblech setzen.

Im vorgeheizten Backofen 12–15 Minuten backen. Die Scones aus dem Ofen nehmen, auf einem Gitter etwas auskühlen lassen und noch lauwarm mit Butter genießen.

Meerrettich-Scones sind eine ideale Beilage zu Salat oder Suppe.

OLIVE AND DRIED TOMATO SCONES

Scones mit Oliven und getrockneten Tomaten

FÜR 10 SCONES

50 g schwarze Oliven
50 g getrocknete, in Öl eingelegte Tomaten
2 kleine Frühlingszwiebeln
2 Eier
6 EL Buttermilch
1 Knoblauchzehe
150 g Butter
450 g Weizenmehl
4 gehäufte TL Backpulver
¼ TL Salz
1 Prise Pfeffer
2 TL getrockneter Oregano
2 EL Milch zum Bestreichen

ZUBEREITUNG

Den Backofen auf 200 °C Ober-/Unterhitze vorheizen und ein Backblech mit Backpapier auslegen.

Die Oliven und die Tomaten mit Küchenpapier trockentupfen und fein würfeln. Die Frühlingszwiebeln putzen, waschen, mit Küchenpapier trockentupfen und in feine Ringe schneiden.

Die Eier mit der Buttermilch und der geputzten und durchgepressten Knoblauchzehe verquirlen.

Die kalte Butter in Würfel schneiden.

Das Mehl zusammen mit dem Backpulver in eine Schüssel sieben und mit Salz, Pfeffer und Oregano vermischen. Die Butter dazugeben und mit den Fingerspitzen darunterreiben, bis eine krümelige Masse entsteht.

Oliven, Tomaten und Frühlingszwiebeln dazugeben und ebenfalls unterarbeiten. Die Eiermilch dazugeben und alles mit einem Tafelmesser vermengen. Bei Bedarf eventuell etwas Milch ergänzen und alles mit der Hand kurz durchkneten.

Den Teig auf einer bemehlten Arbeitsfläche etwa 3 cm dick mit der Hand flach drücken und mit einem Ausstecher von 6 cm Durchmesser Kreise ausstechen. Die Teiglinge aufs Backblech setzen, mit Milch bestreichen.

Im vorgeheizten Backofen etwa 20 Minuten goldbraun backen. Aus dem Ofen nehmen und auf einem Kuchengitter auskühlen lassen. Die Scones mit Butter, Knoblauchbutter oder Quark servieren. Sie passen auch wunderbar als Beilage zu Salaten.

Übrigens: Diese Scones waren beim Durchtesten aller Rezepte der Favorit der Autorin unter den herzhaften Versionen.

Verführerisch

belegt

SCONES WITH LEMON CURD

Scones mit Lemon Curd

FÜR VIER SCONES-HÄLFTEN

2 Scones
(gebacken nach dem Grundrezept auf Seite 20 oder einem anderen favorisierten Rezept; die Früchte-Scones von Seite 26 oder die Lemon-Scones von Seite 64 eignen sich ebenfalls)
optional zum Anrichten etwas geschlagene Sahne und 4 TL Granatapfelkerne

Zutaten für ein Glas Lemon Curd
2 große Eier
200 g feiner Zucker
150 g Butter
Saft und abgeriebene Schale von 2 unbehandelten Zitronen

ZUBEREITUNG

Zuerst die gewählten Scones zubereiten und beiseitestellen.

Für das Lemon Curd die Eier gut verschlagen und zusammen mit den restlichen Zutaten in eine Schüssel geben, die in einem Wasserbad mit leicht siedendem Wasser steht. Unter ständigem Rühren verbindet sich alles miteinander, der Zucker löst sich auf. Darauf achten, dass kein Wasser aus dem Wasserbad in die Schüssel gelangt.

Nach etwa 15 Minuten (fortwährend rühren, damit die Masse am Boden nicht überhitzt und gerinnt) dickt das Lemon Curd an und kann in ein sterilisiertes Glas abgefüllt werden. Beim Abkühlen wird es noch etwas fester. Im Kühlschrank hält sich Lemon Curd gut und gerne zwei Wochen.

Die Scones halbieren und dick mit Lemon Curd bestreichen. Wer möchte, kann zusätzlich jeweils 1–2 TL geschlagene Sahne darübergeben und mit Granatapfelkernen dekorieren.

BLACK FOREST SCONES

Schwarzwälder-Kirsch-Scones

FÜR VIER SCONES-HÄLFTEN

2 Scones
(gebacken nach dem Grundrezept auf Seite 20 oder einem anderen favorisierten Rezept; die Schokoladen-Scones von Seite 52 oder die Kirsch-Scones von Seite 70 eignen sich ebenfalls)
4 EL Sauerkirschkonfitüre
8–10 EL *clotted cream*
4 Sauerkirschen als Deko
4 EL feine Schokoladenspäne

ZUBEREITUNG

Zuerst die gewählten Scones zubereiten und beiseitestellen.

Die Scones halbieren und mit der Konfitüre bestreichen. *Clotted cream* darauf streichen oder mit einem Spritzbeutel aufspritzen. Eine Kirsche obenauf setzen und die Scones mit den Schokoladenspänen bestreuen.

BESONDERES TAKE-AWAY AUF ISLAY

Das Cake Cupboard in Port Wemyss

Wenn wir auf Islay sind, spazieren wir gerne im Südwesten bei Portnahaven am Strand entlang, denn dort tummeln sich meist Seehunde. Vom benachbarten Örtchen Port Wemyss aus kann man hinüberschauen zum Leuchtturm Rhinns of Islay auf der kleinen Insel Orsay. Aber beim letzten Besuch zog nicht der Leuchtturm meinen Blick auf sich, sondern etwas, das sich an der Straße hinter mir befand. Dort stand ein offenes Regal mit Kuchen. *Cake Cupboard* war daran zu lesen, und die Hinweistafeln priesen den Verkauf von Gebäck und Tee in Selbstbedienung an.

Ich war total fasziniert, und angesichts meiner Planungen für das Scones-Buch wanderte mein Blick natürlich sofort suchend durch das Regal: Gibt's hier keine Scones? Schokoladenkuchen sah ich und anderes Gebäck, alles geschützt unter Tortenhauben, aber keine Scones. Bei Bestellungen und Wünschen solle man klingeln, war zu lesen, und das tat ich kurzerhand.

Kate Skinner kam aus dem Haus und begrüßte mich. Scones? Ja, natürlich gebe es bei ihr auch regelmäßig Scones. Nein, heute habe sie leider keine gemacht. Für morgen habe sie aber Erdbeer-Scones geplant, vielleicht könne ich ja noch einmal vorbeischauen? Wir waren noch ein paar Tage auf Islay und vom *campsite* in Port Charlotte ist es nicht allzu weit nach Port Wemyss, also warum nicht?

Am nächsten Tag stehe ich also wieder vor dem *cupboard* und da sind sie: Scones, die mit frischen Erdbeeren belegt sind. Wunderbar! Kate freut sich, dass ich mich freue, lässt sich gerne fotografieren und vier Scones wechseln den Besitzer. Da ihr *Cake cupboard* als Take-away konzipiert ist, hat sie natürlich entsprechende Transportverpackungen parat. Und auch die sind sehr individuell, denn sie faltet die kleinen Kästchen aus Werbeprospekten. Das Wetter ist wunderbar, wir machen uns auf zum Currie Sands Beach. Ein Picknick mit frischen Erdbeer-Scones – das Leben ist schön!

SCONES WITH STRAWBERRIES

Scones mit Erdbeeren

FÜR VIER SCONES-HÄLFTEN

2 Scones
(gebacken nach dem Grundrezept auf Seite 20 oder einem anderen favorisierten Rezept; die Joghurt-Scones von Seite 22 oder die Lemon-Scones von Seite 64 eignen sich ebenfalls)
4–6 EL Erdbeerkonfitüre
8–10 EL *clotted cream*
4–6 Erdbeeren

ZUBEREITUNG

Zuerst die gewählten Scones zubereiten. Die Scones halbieren und mit Erdbeerkonfitüre bestreichen.

Clotted cream darauf streichen oder mit einem Spritzbeutel aufspritzen.

Die Erdbeeren waschen, putzen und mit Küchenpapier trockentupfen. In Scheiben schneiden und die Scones damit belegen.

TIPP

Wer möchte, kann die Scones zusätzlich mit gehackten Pistazien oder gerösteten Mandelscheiben bestreuen.

SCONES WITH TUNA CREAM

Scones mit Thunfischcreme

FÜR VIER SCONES-HÄLFTEN

2 Scones
(gebacken nach dem Grundrezept auf Seite 20 oder einem anderen favorisierten Rezept; die Joghurt-Scones von Seite 22 oder die Käse-Scones von Seite 28 eignen sich ebenfalls)
2 Stängel Petersilie

Für die Thunfischcreme
1 Dose Thunfisch in Sonnenblumenöl (185 g)
1 kleine Zwiebel
1 EL Kapern
50 g Crème fraîche
50 g Mayonnaise
½ EL Zitronensaft
Pfeffer und Salz

ZUBEREITUNG

Zuerst die gewählten Scones zubereiten und beiseitestellen.

Den Thunfisch abtropfen lassen und in einer Schüssel mit einer Gabel zerkleinern. Die Zwiebel putzen und sehr fein würfeln. Die Kapern nach Belieben halbieren oder vierteln. Alle Zutaten für die Thunfischcreme miteinander verrühren und mit Pfeffer und Salz abschmecken.

Die Scones aufschneiden und dick mit der Thunfischcreme bestreichen.

Die Petersilie waschen und mit Küchenpapier trockentupfen. Auseinanderzupfen und die Scones damit dekorieren. Anstelle von Petersilie passen auch Rucola oder Schnittlauch sehr gut zur Thunfischcreme.

TIPP

Wer keine Kapern mag, kann alternativ auch eine kleine Essiggurke verwenden.

SCONES WITH SHEEP MILK CHEESE

Scones mit Schafskäsecreme

FÜR VIER SCONES-HÄLFTEN

2 Scones
(gebacken nach dem Grundrezept auf Seite 20 oder einem anderen favorisierten Rezept; die Joghurt-Scones von Seite 22 eignen sich ebenfalls)

Für die Schafskäsecreme
150 g Schafskäse
80 g Crème fraîche
40 g Sahne
2 kleine rote Zwiebeln
1 Knoblauchzehe
Salz und Pfeffer
optional ½ Bund Schnittlauch

ZUBEREITUNG

Zuerst die gewählten Scones zubereiten und beiseitestellen.

Den Schafskäse in einer Schüssel mit einer Gabel zerdrücken und mit Crème Fraiche und Sahne zu einer cremigen Masse verrühren. Die Zwiebeln und die Knoblauchzehe putzen, sehr fein würfeln und zur Käsemasse geben. Nach Geschmack salzen und pfeffern und alles mit der Gabel gut miteinander vermengen.

Die Scones aufschneiden und die Käsecreme auf den Hälften verteilen.

Wer möchte, kann noch Schnittlauch waschen, mit Küchenpapier trockentupfen, in feine Röllchen schneiden und über die Scones streuen.

SCONES WITH HAM AND MANGO CHUTNEY

Scones mit Schinken und Mango-Chutney

FÜR VIER SCONES-HÄLFTEN

2 Scones
(gebacken nach dem Grundrezept auf Seite 20 oder einem anderen favorisierten Rezept; die Joghurt-Scones von Seite 22 eignen sich ebenfalls)
40 g Butter
2 große Scheiben Kochschinken

Für 1 Glas Mango-Chutney
(wahlweise fertig gekauftes Chutney verwenden)
2 reife Mangos
2 rote Zwiebeln
1 Stück Ingwer, walnussgroß
2 EL Balsamicoessig
1 EL Limettensaft
2 EL Zucker
½ TL Chilipulver
etwas Currypulver
1 Prise Salz

ZUBEREITUNG

Zuerst die gewählten Scones zubereiten und beiseitestellen.

Die Mangos schälen und das Fruchtfleisch in grobe Würfel schneiden. Die Zwiebeln putzen und fein würfeln. Den Ingwer schälen und fein würfeln oder reiben. Alles zusammen mit den restlichen Zutaten für das Chutney in einem Topf erhitzen und unter Rühren etwa 10 Minuten köcheln lassen. Nach Geschmack nachwürzen und das Chutney abkühlen lassen.

Die Scones aufschneiden und mit Butter bestreichen. Die Kochschinkenscheiben vierteln und jeweils zwei Viertel auf einer Scones-Hälfte drapieren. Großzügig Mango-Chutney darauf verteilen.

SCONES WITH CHEDDAR

Scones mit Cheddar

FÜR VIER SCONES-HÄLFTEN

2 Scones
(gebacken nach dem Grundrezept auf Seite 20 oder einem anderen favorisierten Rezept; die Joghurt-Scones von Seite 22 eignen sich ebenfalls)
40 g Butter
4 TL süßen Senf
100 g Cheddar

ZUBEREITUNG

Zuerst die gewählten Scones zubereiten. Die Scones aufschneiden und mit Butter und Senf bestreichen.

Den Cheddar grob raspeln und über die Scones geben.

TIPP

Den Senf kann man natürlich auch weglassen, durch scharfen Senf ersetzen oder man verwendet statt Butter und Senf die Honig-Senf-Sauce, deren Rezept bei den mit Lachs belegten Scones beschrieben ist. Nach Belieben kann man die Scones auch noch mit 1 Handvoll frischer Brunnenkresse bestreuen.

SCONES WITH CARAMELIZED ONIONS

Scones mit karamellisierten Zwiebeln

FÜR 4 SCONES

4 Scones (gebacken nach dem Grundrezept auf Seite 20 oder einem anderen favorisierten Rezept; die Scones mit Bacon und Ale von Seite 114 eignen sich ebenfalls sehr gut)
4 mittelgroße Zwiebeln
2 EL Butter
2 EL brauner Zucker
1 EL Balsamico-Essig
Salz und Pfeffer
optional 4 cl Whisky

ZUBEREITUNG

Zuerst die gewählten Scones zubereiten und beiseitestellen.

Die Zwiebeln schälen und in Scheiben schneiden. Die Butter in einer Pfanne erhitzen, die Zwiebeln hineingeben und dabei die Ringe auseinanderdrücken. 3–4 Minuten bei mittlerer Temperatur anschwitzen und etwas Farbe annehmen lassen.

Dann den Zucker darübergeben und bei mittlerer Temperatur langsam goldbraun karamellisieren lassen. Dabei immer wieder umrühren, damit der Zucker nicht anbrennt. Dann wäre die Zeit für den Whisky gekommen, wenn man die Zwiebeln damit aromatisieren möchte. Vorsichtig dazugeben, umrühren und aufkochen lassen. Zum Schluss den Essig, eine Prise Salz und nach Geschmack Pfeffer darunterrühren, wieder aufkochen lassen und zum Abkühlen beiseitestellen.

Die Scones aufschneiden und mit den Zwiebeln belegen.

SCONES WITH SALMON AND HONEY MUSTARD SAUCE

Scones mit Lachs und Honig-Senf-Sauce

FÜR VIER SCONES-HÄLFTEN

40 g Butter
4 Scheiben Graved Lachs
2 Stängel Dill
2 Scones
(gebacken nach dem Grundrezept auf Seite 20 oder einem anderen favorisierten Rezept, die die Joghurt-Scones von Seite 22 eignen sich ebenfalls sehr gut)

Für die Honig-Senf-Sauce
2 EL flüssiger Honig
2 EL scharfer Senf
½ TL Apfelessig
1 TL Sonnenblumenöl oder Rapsöl
Pfeffer und Salz nach Geschmack

ZUBEREITUNG

Zuerst die gewählten Scones zubereiten und beiseitestellen.

Die Zutaten für die Honig-Senf-Sauce miteinander glattrühren. Den Dill waschen, mit Küchenkrepp trockentupfen und in kleine Fähnchen auseinanderzupfen.

Die Scones aufschneiden und mit Butter bestreichen.

Den Graved Lachs auf den Scones-Hälften drapieren und mit der Honig-Senf-Sauce beträufeln. Den Dill dekorativ darauf verteilen.

REGISTER DER REZEPTE

»Veganisierbare Scones« sind mit einem * gekennzeichnet

DANK

Ein großes Dankeschön möchte ich meinen Gastgeberinnen und Gastgebern in Großbritannien sagen, die mich so herzlich empfangen und mit ihren Scones-Kreationen begeistert haben. Ich bin sehr glücklich, dass mir so viele ihre ganz persönlichen Scones-Rezepte verraten haben.
Beim Ausprobieren und Nachbacken hatte ich mit meinen Töchtern Sarah und Leslie zwei fleißige und kreative Helferinnen, ohne die ich die Mengen und Variationen an Scones wohl kaum alleine hätte bewältigen können. Danke euch dafür von Herzen. Und allmählich erholen sich eure Tiefkühler ja auch von der Scones-Flut …
Und natürlich auch danke an Arina und Vjacheslav für das wunderbare Umsetzen meiner Rezepte in diese verführerischen Bilder!

Petra Milde

ÜBER DIE AUTORIN

Die gelernte Hotelfachfrau Petra Milde kann als selbstständige Autorin Beruf und Leidenschaft miteinander verbinden: Ihre Liebe zu Großbritannien führte sie an die Küche und die Spezialitäten der Insel heran. Ihre Texte zeugen nicht nur von Expertise, sondern auch von ungeheurem Interesse – sowohl an gutem Essen und Trinken als auch an Land und Leuten. Mit diesem Buch legt sie ihre ganz persönliche Liebeserklärung an das Kultgebäck Scones vor.

ÜBER DAS FOTOTEAM

Arina Meschanova (@eg0istka) und Vjacheslav Shislov (@rndr) und sind seit mehr als zehn Jahren in der Foodfotografie tätig. Sie leben und arbeiten in Riga (Lettland), sind aber an kulinarischen Projekten in ganz Europa beteiligt. Die beiden Künstler lassen nicht nur ihre Begeisterung für das Backen, Kochen und die Fotografie, sondern auch für das Reisen in ihre Arbeit einfließen.

IMPRESSUM

Verantwortlich: Sonya Mayer
Rezepte & Texte: Petra Milde
Foodfotografie & Foodstyling: Arina Meschanova & Vjacheslav Shislov
Redaktion: Dr. Brigitte Schnock
Layout: Helen Garner
Umschlaggestaltung: Dominik Günzinger
Repro: LUDWIG:media
Korrektorat: Mareike Weber
Herstellung: Julia Hegele
Printed in Germany by Appl.

Bildnachweis
Alle Bilder des Umschlags und des Innenteils stammen von Arina Meschanova & Vjacheslav Shislov mit Ausnahme von: Seite 25 (alle): Petra Milde; Seite 43: Sabine Weiten; Seite 55: Chris Rickert; Seite 69 (alle): Rachel MacNeill; Seite 85 (alle): Petra Milde; Seite 105 (alle): Petra Milde; Seite 127 (alle): Petra Milde; Seite 143: Friedemann Ohnmacht.
Illustration Scone (alle Farben): Shutterstock/Sasintra. Illustration Cover: Shutterstock/olies.

★★★★★

Sind Sie mit diesem Titel zufrieden? Dann würden wir uns über Ihre Weiterempfehlung freuen. Erzählen Sie es im Freundeskreis, berichten Sie Ihrem Buchhändler oder bewerten Sie bei Onlinekauf. Und wenn Sie Kritik, Korrekturen, Aktualisierungen haben, freuen wir uns über Ihre Nachricht an: Christian Verlag, Postfach 40 02 09, D-80702 München oder per E-Mail an lektorat@verlagshaus.de

Unser komplettes Programm finden Sie unter: www.christian-verlag.de

oder direkt unter:

In diesem Buch wird aus Gründen der besseren Lesbarkeit das generische Maskulinum verwendet. Weibliche und anderweitige Geschlechteridentitäten werden dabei ausdrücklich mitgemeint, soweit es für die Aussage erforderlich ist.

Die Deutsche Nationalbibliothek verzeichnet diese Publikation in der Deutschen Nationalbibliografie; detaillierte bibliografische Daten sind im Internet über http://dnb.d-nb.de abrufbar.

ISBN 978-3-95961-863-2